Découvrez l'histoire par les archives de presse

RETRONEWS

Le site de presse de la BnF

www.retronews.fr

ANNÉE ENCYCLOPÉDIQUE
DES DAMES

Bibliothèque des Familles,

Guide universel pour les besoins, les travaux,
les devoirs et les amusements
de chaque mois de l'année,

Rédigée

PAR UNE SOCIÉTÉ DE SAVANTS ET D'HOMMES DE LETTRES,

Sous la Direction de

M. A. BLONDEAU.

AVRIL

PARIS

Aux Bureaux du MAGASIN DES FAMILLES,
RUE RICHER, 34.

1855

Ste Irène.   (Avril).

DES DAMES

LA DAME AUX CAMÉLIAS

ANNÉE ENCYCLOPÉDIQUE
DES DAMES

BIBLIOTHÈQUE DES FAMILLES

Guide universel pour les besoins, les travaux,
les devoirs et les amusements
de chaque mois de l'année

CONTENANT

TOUS LES PRINCIPES D'HYGIÈNE, D'ÉCONOMIE DOMESTIQUE, D'AGRICULTURE,
D'ART CULINAIRE, DE TRAVAUX DE SALONS ET D'INTÉRIEUR,
D'ARTS UTILES, DE RECETTES ET SECRETS DE MÉNAGES, DE TOILETTE
ET D'ÉLÉGANCE BIEN ENTENDUE, DE SCIENCE POPULAIRE,
D'ANECDOTES AMUSANTES,
DE LITTÉRATURE MORALE ET RELIGIEUSE, ETC.

Rédigée par une Société de Savants et d'Hommes de Lettres

SOUS LA DIRECTION DE

M. Ad. BLONDEAU.

———

AVRIL.

———

PARIS

AUX BUREAUX DU *MAGASIN DES FAMILLES,*
RUE RICHER, 34.

1855
1854

IMPRIMERIE D'AD. BLONDEAU,
rue du Petit-Carreau, 26.

AVRIL, 30 jours. — LE TAUREAU.

P. L. le 2, à 2 h. 38 du soir. | N. L. le 16, à 3 h. 14 du soir.
D. Q. le 9, à 9 h. 46 du soir. | P. Q. le 24, à 6 h. 6 du soir.

Lever du soleil : 1ᵉʳ, à 5 h. 41 m. coucher : à 6 h. 28 m.
— 10, à 5 h. 22 m. — à 6 h. 41 m.
— 20, à 5 h. 3 m. — à 6 h. 56 m.

Les jours augmentent de 56 m. le matin et de 43 le soir.

1	Dimanche.	Rameaux. Hugues.	SᵉˢThéodore, Sothée
2	Lundi.	S. François de Paule	SᵉˢThéodosie, Flob.
3	Mardi.	S. Richard, Urbique	Sᵉ Fare.
4	Mercredi.	S. Elphage, Gonery.	Sᵉ Euphrasie.
5	Jeudi.	S. Géraud, Ambroise	Sᵉ Pherbute.
6	Vendredi.	S. Prudent *Vend.-S.*	Sᵉ Gallé.
7	Samedi.	S. Hégésippe, Cyr.	SᵉˢOrséline, Perpét.
8	Dimanche.	Paques, Gautier.	Sᵉ Concesse.
9	Lundi.	S. Gaucher, Mauger.	Sᵉ Casilde.
10	Mardi.	S. Fulbert, Térence.	Sᵉ Azélie.
11	Mercredi.	S. Airy, Maillard.	Sᵉ Godeberte.
12	Jeudi.	S. Jules, Zénon.	Sᵉ Visse.
13	Vendredi.	S. Marcellin, Lubin.	Sᵉ Ide de Lorraine.
14	Samedi.	S. Tiburce, Bénézet.	Sᵉ Domnine.
15	Dimanche.	Quasimodo. Paterne.	Sᵉ Anastasie.
16	Lundi.	S. Turibe, Fructueux	Sᵉ Engratide.
17	Mardi.	S. Anicet, Fortunat.	SᵉˢIrène, Néophyte.
18	Mercredi.	S. Parfait, Jubin.	Sᵉ Godeliève.
19	Jeudi.	S. Léon, Crescent.	
20	Vendredi.	S. Marien, Astier.	SᵉˢGemme, Héliène.
21	Samedi.	S. Anselme, Beunon	SᵉˢLibre, Marba.
22	Dimanche.	S. Nathanael.	Sᵉ Opportune.
23	Lundi.	S. Georges, Artème.	Sᵉ Pusinne.
24	Mardi.	S. Robert, Léger.	Sᵉ Beuve ou Bove .
25	Mercredi.	S. Marc, Floribert.	Sᵉ Franque.
26	Jeudi.	S. Clet, Riquier.	Sᵉ Espérance.
27	Vendredi.	S. Anchime, Néon.	Sᵉ Zite.
28	Samedi.	S. Eusice, Frontase	Sᵉ Valérie.
29	Dimanche.	S. Amé, Aimé-Amat	Sᵉ Marie l'Egypt.
30	Lundi.	S. Eutrope, Matern.	Sᵉ Houe, v.

CALENDRIER POUR 1855.

COMPUT ECCLÉSIASTIQUE.

Nombre d'or............. 13 | Indication romaine........ 3
Epacte................. XII | Lettre dominicale.......... G
Cycle solaire............ 16 |

FÊTES ANNUELLES ET MOBILES.

La Septuagésime,	4 février.	*Quasimodo,*	15 avril.
La Sexagésime,	11 février.	*Les Rogations,*	14, 15. 16 mai.
La Quinquagésime,	18 février.	L'ASCENSION,	17 mai.
Les Cendres,	21 février.	LA PENTECOTE,	27 mai.
La Quadragésime,	25 fevrier	*La Trinité,*	3 juin.
Reminiscere,	4 mars.	La Fête Dieu,	7 juin.
Oculi.	11 mars.	Assomption,	15 août.
Lœtare,	18 mars	LA TOUSSAINT,	1er novembre.
La Passion,	25 mars	L'Avent,	2 décembre.
Les Rameaux,	1er avril.	NOEL,	25 décembre.
PAQUES,	8 avril.		

QUATRE-TEMPS.

Les 28 février, 2 et 12 mars. | Les 19, 21 et 22 septembre.
Les 30 mai, 1er et 2 juin. | Les 19, 21 et 22 décembre

SAISONS.

Le Printemps commencera le 21 mars, à 4 h. 16 m. du matin.
L'Été commencera le 22 juin, a 8 h. 58 m du soir
L'Automne commencera le 23 septembre, à 3 h. 9 m. du soir.
L'Hiver commencera le 22 décembre, à 8 h. 58 m. du matin

ÉCLIPSES.

Le 2 mai 1855,
 ÉCLIPSE TOTALE DE LUNE, en partie visible à Paris.
Commencement de l'éclipse à 2 heures 23 m. du mat.
Milieu de l'éclipse, à 4 h. 14 m. du mat.
Fin de l'éclipse, à 6 h. 4 m. du mat.

Le 16 mai 1855,
 ÉCLIPSE PARTIELLE DU SOLEIL, invisible à Paris.
Le 25 octobre 1855,
 ÉCLIPSE TOTALE DE LUNE, en partie visible à Paris.
Commencement de l'éclipse, à 5 h. 53 m du matin.
Milieu de l'éclipse, à 7 h. 38 m. du matin.
Fin de l'éclipse, à 9 h. 24 m. du matin.
Le 9 novembre 1855,
 ÉCLIPSE ANNULAIRE DU SOLEIL, invisible à Paris.

LES SAINTS D'AVRIL.

Le premier jour du mois d'avril est consacré à saint Hugues, qui naquit l'an 1053, à Châteauneuf dans le Dauphiné, de parents très-vertueux, qu'il eut dans la suite la consolation de disposer à la mort des saints. Il en avait reçu lui-même une excellente éducation; et le désir de se consacrer entièrement à Dieu l'ayant porté à embrasser l'état ecclésiastique, après avoir été l'ornement du chapitre de Valence, par ses talents et sa sainteté, il fut appelé par le légat et les pères du concile d'Avignon, au siége de Grenoble, qui avait besoin d'un homme de Dieu pour réparer les maux qu'avaient causés à cette Église les scandales du dernier évêque. Contraint de céder à l'élection, il se dévoua sans réserve à l'exercice d'un si pénible ministère, et vit bientôt ses travaux couronnés du plus heureux succès. Il crut alors pouvoir suivre son goût pour la retraite, et prit l'habit religieux à la Chaise-Dieu; mais, Grégoire VII l'obligea de retourner à son Église;

et ce fut alors que saint Bruno étant venu le consulter avec ses compagnons, sur le dessein qu'ils avaient formé de quitter le monde, il les conduisit au désert de la Chartreuse, où ils fondèrent l'institut qui en porte le nom. Il aimait à venir s'y reposer. Sa vie, toute sainte, trouva de nouvelles sources de mérites dans d'horribles tentations et dans de longues infirmités, qui le conduisirent lentement au tombeau l'an 1132. C'est aussi le 1er avril, le dimanche des Rameaux, appelé ainsi parce que l'Église fait en ce jour une procession solennelle, où chacun porte un rameau à la main, pour honorer l'entrée triomphante de Jésus-Christ dans Jérusalem. Elle oublie néanmoins, pour ainsi dire, ce glorieux triomphe de son divin époux, dès que la procession est terminée, pour ne se rappeler à la messe que la mort ignominieuse qu'il souffrit dans la même ville où, à si peu de jours de distance, il avait été reçu avec tant de pompe. Le dimanche précédent, elle a commencé à nous proposer, dans ses prières et dans ses cérémonies, la Passion du Sauveur, à la mémoire de laquelle elle a consacré les deux dernières semaines du carême. Elle a interrompu le souvenir de ce mystère douloureux, par le souvenir de cette fête, qui semblait annoncer au divin Sauveur un tout autre avenir ; mais elle revient aussitôt aux souffrances qu'elle veut que nous honorions dans ce saint temps. Elle nous avertit par là de ne point imiter la légèreté de ce peuple qui, après avoir crié *Hozanna*, c'est-à-dire, conservez-le nous, cria, six jours après, *Crucifige eum !* crucifiez-le !

Le 2 avril est consacré à saint François-de-Paule, ainsi nommé du lieu de sa naissance en Calabre; il naquit l'an 1416. A l'âge de 13 ans, ses pieux parents, pour accomplir le vœu qu'ils avaient fait à saint François-d'Assise, le mirent dans un couvent de son ordre. Un an après, il fit quelques pélerinages, et se retira ensuite dans un ermitage, où sa réputation de sainteté lui attira bientôt des disciples. Tel fut le commencement de l'ordre des Minimes, que le saint instituteur fonda sur la double base de l'humilité et de la charité, qui étaient ses vertus favorites. Bientôt on ne parla dans toute l'Italie que des vertus et des prodiges du serviteur de Dieu, qui semblait avoir un empire absolu sur toute la nature et pénétrer les secrets les plus cachés de l'avenir. Le bruit de ces nouvelles passa au-delà des Alpes, et Louis XI, roi de France, se voyant abandonné des médecins, lui fit donner ordre, par le pape Sixte IV, de venir auprès de sa personne, dans l'espérance de recouvrer la santé par le secours de ses prières. Le saint crut rendre au roi un service plus important en le disposant à une mort chrétienne. Charles VIII, son successeur, et, après, Louis XII, s'estimant heureux de posséder dans leurs états un trésor si précieux, ne voulurent jamais le laisser retourner en Italie. Ils comblèrent son ordre de bienfaits, et lui donnèrent à lui-même les témoignages de la plus profonde vénération. Il mourut l'an 1458, dans le couvent de Plessis-les-Tours.

Le saint Richard nous vient le 3 avril; il naquit près de Worchester, en Angleterre, l'an 1197. Il parut, dès son enfance, fort porté à la vertu et d'un caractère extrêmement doux et obligeant. Après avoir rétabli les affaires de son frère, et l'avoir mis en état de vivre honnêtement, il se rendit à Paris, pour continuer ses études. Il vécut en France d'une manière très-austère, avec deux amis choisis. Il revint en Angleterre et prit à Oxfort le grade de maître-ès-arts. Il alla ensuite à Bologne, en Italie, pour y étudier le droit canonique. La science qu'il acquit, sa modestie et sa piété, lui firent le plus grand honneur. Enfin, saint Edmond, archevêque de Cantorbéry, le rappela près de lui, et le choisit pour l'accompagner dans son exil en France, où il l'ordonna prêtre. De retour dans sa patrie, on ne tarda pas à lui donner un poste digne de son mérite, en l'élevant sur le siége de Chichester. Il eut d'abord bien des tracasseries à essuyer; mais, dès qu'il eut enfin la liberté de s'appliquer au gouvernement de son Eglise, il le fit avec tout le zèle et le succès qu'on pouvait attendre d'un saint. On admira surtout sa fermeté pour le maintien de la discipline ecclésiastique, et son inépuisable charité pour les pauvres. Ce saint prélat était en chemin pour aller prêcher une croisade contre les Sarrasins, lorsque la mort vint le surprendre dans l'Hôtel-Dieu de Douvres, l'an 1253.

Les 4 et 5 avril sont consacrés à saint Elphage, saint Gonery, saint Géraud et saint Ambroise; le 6 avril, qui se trouve le vendredi-saint, l'est à saint Prudent. L'histoire ne nous donnant que peu de détails sur la vie de ces saints, nous allons parler de saint Hegesippe, auteur ecclésiastique, qui vient le 7 avril. Il fut l'un des plus anciens pères de l'Église, puisqu'il vivait peu de temps après les Apôtres; il était juif de naissance, et devint par son baptême, membre de l'Eglise de Jérusalem. Ayant fait un voyage à Rome, il y demeura près de vingt ans. Il retourna ensuite en Orient, où il mourut dans un âge avancé. On n'a point d'autres détails sur sa vie. On sait seulement que c'était un homme rempli de l'esprit des Apôtres, qui travaillait par ses écrits à l'édification de l'Église, doué d'une profonde humilité qu'annonçait, dit saint Jérôme, la simplicité de son style. Il écrivit, l'an 133, une

Histoire de l'Église, divisée en cinq livres : il la commençait à la Passion de Jésus-Christ, et la continuait jusqu'au temps où il vivait. On ne saurait trop regretter la perte de cet ouvrage. Il y montrait la suite de la tradition et y faisait voir que, malgré les efforts des hérésies, aucune Église particulière n'était tombée dans l'erreur, et que le dépôt des vérités enseignées par le divin Maître avait été conservé précieusement jusqu'à son temps. Son témoignage avait d'autant plus de force, qu'il avait visité en personne toutes les principales Églises de l'Orient et de l'Occident.

Le 8 avril est consacré à saint Gautier, c'est aussi le jour de Pâques; le lendemain, 9 avril, nous trouvons le saint-Gaucher. Il était de Meulan, ville frontière du Vexin Français; il quitta son pays à l'âge de dix-huit ans, avec un nommé Germon, et se retira en Limousin. Il s'y arrêta dans un lieu fort solitaire, qu'on a depuis appelé Chavagnac, et y vécut trois ans avec son compagnon, se livrant à la prière et à la pénitence. Ils passèrent ensuite dans un bois voisin nommé Aureil, et y bâtirent deux monastères, l'un d'hommes et l'autre de femmes, sous la règle des chanoines réguliers de saint Augustin, que le pape Alexandre II, avait approuvés en 1063. Le but de cette règle était d'établir une réforme parmi les clercs et surtout parmi les chanoines. Saint Gautier éleva ses disciples à une haute perfection par ses discours et par ses exemples. Il mourut d'une chute le 9 avril 1130 à l'âge de quatre-vingts ans. Le pape Célestin III le canonisa en 1194.

L'histoire ne nous parlant que très peu de saint Fulbert, saint Térence, saint Airy et de saint Maillard qui viennent les 10 et 11 avril, nous allons parler de saint Jules qui se trouve le 12 avril. Il était romain de naissance et fut élevé pape le 6 février 337. Les ariens accusèrent près de lui saint Athanase de divers crimes supposés. Il confondit les calomniateurs, et l'accusé fut déclaré innocent. Le saint pape reconnut aussi la catholicité de Marcel d'Ancyre, qui donna une profession de foi orthodoxe. Il renvoya ensuite ces dignes évêques avec des lettres pleines de vigueur, et leur rendit à chacun le gouvernement de leurs églises, dont les ariens les avaient dépouillés. En agissant de la sorte, il exerçait cette autorité que lui donnait la prérogative de son siége sur l'Église universelle. Il réussit à obtenir la réunion d'un concile général, dont l'ouverture se fit à Sardique en Illyrie. On y remédia aux divisions qui affligeaient l'Eglise. On y fit vingt et un canons de discipline. Le premier défend les translations d'un siége à un autre. On voulait par là fermer la porte à l'ambition. D'autres canons assuraient à un évêque déposé par un synode de sa province, le droit d'en appeler à l'evêque de Rome ; saint Jules mourut le 12 avril 352.

Saint Marcellin et saint Lubin viennent le 13 avril ; citons après eux, saint Bénezet, berger, dont nous célébrons la fête le 14 avril. Il gardait à la campagne les moutons de sa mère. On vit en lui, dès ses premières années, une piété beaucoup au-dessus de son âge. Touché du danger que couraient les pauvres en passant le Rhône à Avignon, il entreprit de faire bâtir un pont sur ce fleuve. Ayant prouvé par des miracles que ce projet lui était inspiré de Dieu, il en obtint la permission de l'évêque. Le pont fut commencé, en 1177, sous la direction du saint, qui mourut en 1184 lorsqu'on eut achevé tout ce qu'il y avait de plus difficile à exécuter. Ceci est attesté par des monuments publics qui existent encore.

Il paraît que saint Bénezet fonda une association qui avait pour but de bâtir des ponts, comme il en existait pour bâtir des églises. Son corps fut enterré sur le pont, qui ne fut entièrement achevé que quatre ans plus tard, et dont la construction fut une suite incessante de prodiges. Les nouveaux miracles qui s'opérèrent sur son tombeau engagèrent la ville d'Avignon à lui bâtir une chapelle sur le pont même. Une grande partie du pont s'étant écroulée en 1669, on l'en retira. Il fut trouvé intact, sans aucune marque de corruption, et dépose dans l'église des Célestins.

Le 15 avril est consacré à saint Paterne, évêque de Vannes, qui naquit dans l'Armorique, vers l'an 490, de parents pieux. Il se retira, jeune encore dans le pays de Galles pour y embrasser l'état monastique. Son éminente sainteté le fit ensuite choisir pour être supérieur des religieux de cette contrée. Il leur bâtit des monastères et des églises. Ses compatriotes l'ayant recommandé au roi Caradauc, il fut obligé de repasser en Armorique. Devenu évêque de Vannes, il bâtit un monastère près de cette ville. Il donna des preuves de sa douceur et de sa patience dans la conduite qu'il tint envers de faux frères qui avaient indiposé contre lui quelques évêques de la province. Il oublia, pour le bien de la paix, toutes les injures qu'il avait reçues; mais la crainte qu'il eut de voir renouveler les divisions le porta à se retirer parmi les français, et il mourut hors de la ville de Vannes l'an 555.

Sainte Engratitude, vierge et martyre, vient le 16 avril. L'an 304, dix-huit confesseurs furent martyrisés le même jour à Sarragosse, par ordre de Dacien, un des plus cruels ministres de la persécution excitée par Dioclétien. Au triomphe de tous ces martyrs, Prudence joint celui d'une vierge nommée Engratitude, née en Portugal. Son père ayant dessein de la marier, elle prit secrètement la fuite, autant pour se dérober aux dangers du monde que pour converser sa virginité. Elle se retira à Sarragosse, où la persécution faisait d'horribles ravages, sans craindre les recherches du gouverneur. Elle osa même lui reprocher en face la barbarie avec laquelle il traitait les disciples de Jésus-Christ. Dacien, transporté de fureur, la fit saisir par les bourreaux, qui la soumirent aux plus cruelles tortures. On lui déchira les côtés; après quoi, on lui coupa la mamelle gauche, on lui arracha une partie du foie. Comme elle vivait encore, on la renvoya en prison où elle mourut en 304, de la corruption causée par ses plaies.

Le 17 avril est consacré à saint Anicet, pape et martyr, qui succéda à saint Pie dans le gouvernement de l'Eglise romaine, et siégea depuis l'an 165 jusqu'à l'an 173. S'il ne répandit pas son sang pour la foi, il fut au moins exposé à beaucoup de dangers et de souffrances, ce qui l'a fait appeler *martyr*. Il fut visité, à Rome, par saint Polycarpe, de Smyrne. Ces deux grands saints agitèrent ensemble plusieurs questions qui

faisaient alors du bruit dans l'Église. Ils discutè-
rent aussi la coutume où étaient les Asiatiques de
célébrer la Pâque, avec les Juifs, le quatorzième
jour de la première lune qui se rencontre après
l'équinoxe du printemps ; mais tout se fit, de
part et d'autre, avec beaucoup de modération.
La diversité de sentiments, par rapport à la cé-
lébration de la Pâque, ne rompit pas les liens
de la paix ; chacun s'en tint à ce qui se prati-
quait dans son Église. Ce saint pape sut garantir
son troupeau du poison de l'erreur et conserver
le dépôt de la foi dans toute sa pureté, et il em-
pêcha, par sa vigilance, les funestes ravages des
hérésies de Valentin et de Marcion.

Nous trouvons les saint Parfait, saint Jubin,
saint Léon, saint Crescent, saint Marien et saint
Astier, les 18, 19 et 20 avril. Le 21 avril est consacré à saint Anselme, archevêque de Cantorbéry, qui naquit, l'an 1033, d'une famille noble,
dans la ville d'Aoste, en Piémont. Sa mère se
chargea du soin de former son cœur à la vertu,
et il n'oublia jamais les premières instructions
qu'il avait reçues d'elle. On lui donna ensuite
d'habiles maîtres qui lui firent faire de rapides
progrès dans les sciences. Ayant, par la suite,
négligé ses exercices de piété et perdu sa pieuse
mère, il tomba insensiblement dans la tiédeur,
et de là dans le désordre. Bientôt il perdit le

goût de l'étude, tant sont grands les maux que produit le relâchement quand on y persévère. L'aversion naturelle qu'avait pour lui son père devint son salut. Il quitta sa patrie et se convertit à Dieu. Il vint, dans le désir d'acquérir de la science, à l'abbaye du Bec, où le célèbre Lanfranc était en grande réputation pour les leçons qu'il y donnait. Il reprit sa première ferveur, se fit religieux, et devint successivement prieur, puis abbé du Bec. Il gouverna sa communauté avec un si sage tempérament de douceur et de sévérité, qu'il gagna tous les cœurs. On ne tarda pas à le contraindre d'accepter le siége de Cantorbéry; mais sa fermeté à défendre les priviléges de cette Église et les droits du souverain Pontife amenèrent de fâcheux démêlés, qui le forcèrent à chercher un asile en France et à Rome. Il fut cependant rappelé, et mourut à l'âge de 76 ans, laissant après lui beaucoup d'écrits très-estimés.

Sainte Léonide se trouve le 22 avril, et le 23, nous trouvons saint Georges, martyr, qui est honoré, dans les Eglises d'Orient et d'Occident, comme un des plus illustres martyrs de Jésus-Christ. Il se faisait un grand concours de peuple à une des églises portant son nom à Constantinople. On lit, dans divers auteurs, qu'il s'est opéré un grand nombre de miracles par son intercession, et qu'on lui a été redevable du gain de plusieurs batailles. Son culte fut répandu en Occident par ceux qui, par le pélerinage à Jérusalem, visitaient souvent son église et son tombeau qui étaient en Palestine. On voit, par saint Grégoire de Tours, qu'il était fort célèbre en France dans le onzième siècle. Les gens de guerre avaient beaucoup de dévotion pour saint Georges ; ils l'invoquaient surtout dans les batailles. Cette dévotion était principalement fondée sur ce que l'on disait, que le saint avait été lui-même un grand guerrier. Ce fut sous sa protection qu'Edouard III, roi d'Angleterre, mit l'ordre de la Jarretière qu'il institua an 1330. On n'a point de détails sur la vie de ce saint ; cependant, il paraît certain qu'il souffrit à Nicomédie, sous Dioclétien. Le dragon qu'on rereprésente dans les tableaux et peintures que l'on en a fait, est le symbole du démon dont sa foi l'a rendu vainqueur.

Le 24 avril est consacré à saint Robert et à saint Léger. Le 25 avril, à saint Marc, évangéliste, juif d'extraction, et qualifié par saint Irénée de *disciple* et d'*interprète de saint Pierre*. Origène et saint Gérôme prétendent que c'est lui que le chef des apôtres appelle son fils. Il composa son Évangile à la prière des fidèles de Rome, qui désiraient avoir par écrit ce que saint

Pierre leur avait enseigné de vive voix, et il paraît que ce fut avant l'an 49 de Jésus-Christ. Saint Marc alla ensuite en Égypte et se fixa à Alexandrie dont saint Pierre l'avait fait évêque, et qui était, après Rome, la ville la plus célèbre de l'univers. Il s'y forma en peu de temps une Église fort nombreuse. Les païens s'en alarmèrent et résolurent sa mort. Mais le saint évangéliste trouva moyen de se dérober pour quelque temps à leur fureur. Il fut à la fin découvert. On le saisit, et on le traîna par les rues pendant le jour. Tandis qu'on le traitait si cruellement, il remerciait Dieu de ce qu'il l'avait trouvé digne de souffrir pour la gloire de son nom. Le soir, on le jeta dans une prison, où il fut consolé par deux visions célestes. Le lendemain, les païens l'ayant traîné de nouveau, il expira dans ce supplice l'an 68. La coutume de chanter en ce jour la grande Litanie, remonte à Grégoire-le-Grand, et elle a pour objet de fléchir la justice de Dieu irritée par nos péchés.

Le 26 avril est consacré à saint Clet, pape et martyr, qui fut le troisième évêque de Rome, et le successeur de saint Lin. Cette seule circonstance prouve qu'il s'était rendu recommandable par une éminente vertu entre les premiers disciples que forma saint Pierre en occident. Il siégea depuis l'an 76 jusqu'à l'an 89, et fut enterré auprès de son prédécesseur dans l'église du Vatican, où ses reliques sont encore. Il a le titre de martyr dans le canon de la messe, que Bossuet et tous les savants prouvent être de la plus haute antiquité, ainsi que dans Bède et dans tous les autres martyrologistes. Saint Marcellin succéda au saint pape Caïus, en 296, a peu près dans le temps où Dioclétien s'érigea en divinité, et voulut qu'on l'adorât. Il s'acquit, au rapport de Thédoret, beaucoup de gloire durant la persécution. Il mourut en 304, après avoir siégé plus de huit ans. Il est qualifié de martyr, quoiqu'il n'ait pas versé son sang pour la cause de Jésus-Christ, mais à cause des souffrances qu'il avait endurées pour la foi.

La sainte Zite, vierge, vient le 27 avril ; elle naquit au commencement du treizième siècle en Italie. Sa mère, pauvre mais vertueuse, l'éleva dans la crainte du Seigneur, et eut la consolation de voir ses bonnes instructions porter des fruits immenses. Zite était d'une douceur et d'une modestie qui charmaient tout le monde. Elle parlait peu, travaillait avec assiduité, et tenait son âme dans un recueillement perpétuel. A l'âge de douze ans elle se mit domestique, et c'est dans cette position, où elle ne vit qu'une plus grande facilité de se sanctifier par l'obéissance et l'humilité, qu'elle arrivera à une si haute vertu. Tous les jours elle se levait de très-grand matin, afin d'avoir le temps de vaquer à la prière et d'assister au saint sacrifice de la messe sans porter le moindre préjudice aux devoirs de son état. Non-seulement elle exécutait avec fidélité ce qu'on lui ordonnait; mais elle savait même avoir pour ses maîtres bien des prévenances et des égards qu'une solide piété surtout sait inspirer. Dieu permit cependant qu'on ne lui rendit pas justice : on traita sa modestie de stupidité, et son exactitude à ses devoirs fut regardée comme le fruit d'un orgueil secret. Sous le coup de préventions si injustes, qu'on s'imagine ce que cette sainte fille eut à souffrir ! Mais sa patience triompha de la malice et des préjugés. Ses maîtres devinrent plus équitables, leur jalousie se changea en admiration, et ils lui confièrent le maniement de leurs affaires, qu'elle géra avec toute la sagesse possible. Elle mourut agée de soixante ans, pleine de mérites qu'elle avait puisés dans le recueillement, la mortification, et un saint et fréquent usage des sacrements. Le 28, 29 et 30 avril sont consacrés à saint Eusice, saint Frontase, saint Aimé, saint Eutrope, et saint Maternin. Nous regrettons d'être obligés, faute d'espace, à ne citer que les principaux saints, et à clore ici le mois d'avril.

———

GRANDES FÊTES D'AVRIL.

Du Vendredi saint.

Ce jour est pour les chrétiens le plus lugubre de l'année. l'Eglise est plongée dans la plus amère douleur par la passion et la mort de Notre Seigneur Jésus-Christ, dont ce jour est consacré à célébrer le mystère. Les murs des temples saints sont tendus de noir. Les ornements des autels et des prêtres sont de même couleur. La messe se célèbre avec un air de tristesse capable d'en inspirer aux plus insensibles. On y fait l'*adoration de la croix*. Le diacre y chante la passion, pieds nus, et quand il est à ces paroles : « ayant baissé la tête il rendit l'esprit, » le clergé, le peuple et lui-même se prosternent en terre et la baisent trois fois. Le célébrant communie avec l'hostie qu'il a portée au tombeau la veille, et qu'il va reprendre en procession.

Le jeûne du vendredi saint est des plus stricts et des plus rigoureux. Les chrétiens les plus exacts s'abstiennent de manger, ce jour-là, des œufs, du lait, du beurre, du fromage, en général, de tout ce qui provient des animaux dont il n'est pas permis de manger la chair en carême, et se contentent de quelques racines ou légumes. Dans les maisons religieuses, bien réglées, on ne fait qu'un seul repas ; encore s'y borne-t-on au pain et à l'eau. Quelques chrétiens ne mangent pas même de tout le jour. Ils l'emploient tout entier à la prière, à la méditation, à chanter l'office divin, et se feraient même un scrupule de se permettre le plus léger amusement.

Du Samedi saint.

Ce jour dans lequel on révère le mystère de la sépulture de Jésus-Christ est le dernier du jeûne et de la pénitence du carême. Le deuil de l'Église cesse. Elle quitte ses vêtements lugubres pour prendre ses plus beaux ornements. Dès qu'on a achevé les litanies, qu'on a coutume de chanter ce jour-là, les autels changent de décoration. On les orne avec toute la magnificence possible pour la messe solennelle. Les reliques, les images des saints sont découvertes ; le feu nouveau s'allume, mille lumières brillent de toute part, et, au milieu d'elles, *le cierge pascal.* L'Eglise semble se livrer alors aux transports de sa joie, et célébrer d'avance par mille cantiques, la résurrection du Sauveur.

Dans la primitive Église on ne célébrait aucun office public le samedi saint au matin. Les chrétiens ne commençaient le service public que le soir. C'est pour cela que, dans cet office, qui, à cause de sa longueur, se prolongeait très-avant dans la nuit, l'Église est principalement occupée de la résurrection de Jésus-Christ.

Le Dimanche de Pâques.

Le Dimanche de Pâques. Les chrétiens ont donné ce nom au jour où ils célèbrent la mémoire de la résurrecrion de Jésus - Christ, à cause du rapport qu'elle a avec la Pâque des Juifs ; car cette résurrection est le passage de Jésus-Christ, de la mort à la vie, par la réunion de son âme et de son corps, que la mort avait avait séparés. C'est aussi par la vertu de la résurrection, que Jésus-Christ nous a délivrés de l'esclavage du démon, et nous a fait passer de la mort éternelle au royaume destiné à ses élus.

Les cérémonies prescrites au chap. 12 de l'Exode pour la manducation de l'agneau pascal étaient l'ombre des dispositions qu'un chrétien doit apporter au banquet sacré, où il reçoit et mange le véritable Agneau Pascal, Jésus-Christ, qui nous a sauvé par son sang. On peut donc dire que les Chrétiens célèbrent la Pâque toutes les fois qu'ils participent au corps et au sang de Jésus-Christ dans l'Eucharistie.

L'Eglise prescrit la *communion* à tous les fidèles dans la quinzaine de Pâques, et c'est pour leur donner la facilité de satisfaire au précepte de la communion pascale qu'elle leur accorde ce délai, c'est-à-dire toute la semaine qui précède le dimanche de Pâques, et celle qui le suit.

On a vu plus haut que le concile général de Nicée, tenu en 325, avait décidé que la fête de Pâques serait célébrée le dimanche qui suit le 14 de la lune, après l'équinoxe du printemps, qui commence au 21 mars. Cette décision a terminé toutes les contestations qui s'étaient élevées dans l'Église sur le jour fixe auquel cette fête devait être célébrée.

Sainte Irène.

Dans le mois d'avril nous trouvons la sainte Irène, martyre, née en Tessalonique, qui fut citée devant le gouverneur Dulcère, l'an 304 de Jésus-Christ, lors de la persécution de l'empereur Maximien. Elle avait deux sœurs nommées Agape et Chionie, qui avaient déjà été condamnées au feu, pour avoir refusé de sacrifier aux faux dieux, et de livrer les saintes Écritures.

Après que le gouverneur eut déclaré à Irène qu'elle subirait le sort de ses sœurs, à moins qu'elle ne sacrifiât : Je consens encore à vous pardonner, ajouta-t-il, si vous voulez reconnaître nos dieux et leur sacrifier. Allez-vous obéir? « Non, dit Irène, par la grâce de Dieu tout-puissant, qui a fait le ciel et la terre, la mer et tout ce que ces éléments renferment, je n'en ferai rien. Car ceux qui renient Jésus, verbe de Dieu, sont menacés d'un feu éternel. » Qui vous a persuadée, dit Dulcère, de garder jusqu'aujour-

d'hui les écrits et les papiers de votre secte?
« C'est, dit-elle, le Dieu tout-puissant, celui qui
nous a commandé de l'aimer jusqu'à la mort.
C'est pourquoi nous n'avons osé le trahir, et nous
avons mieux aimé être brûlées toutes vives, ou
souffrir tout ce qui pouvait nous arriver, que de
livrer ces divins écrits. Le gouverneur lui dit : En
cachant ces écrits chez vous, à qui en avez-vous
confié le secret ? Irène répondit : « Il n'y avait
que Dieu, qui voit tout, qui le sût ! nos maris
même l'ignoraient. Nous les regardions à cet
égard comme nos cruels ennemis, et nous eus-
sions craint qu'il ne nous eussent trahies. »
L'année dernière, dit l'empereur, lorsque l'édit
des empereurs fut publié pour la première fois,
où vous cachâtes-vous ? « Où il plut à Dieu, répondit Irène : nous demeurâmes exposées à l'air
sur les montagnes. » « Qui vous nourrissait, dit
le gouverneur ? » « Dieu, dit la sainte, qui donne
la nourriture à tout ce qui vit. » « Lorsque vous
fûtes revenues des montagnes, dit Dulcère, lisiez-
vous ces livres en présence de quelqu'un ? »
« Non, dit Irène, ils étaient en notre maison, et
nous n'osions les montrer. C'est pourquoi nous
étions très-affligées de ce que nous ne pouvions
les lire et les méditer nuit et jour, comme nous
avions fait jusqu'au temps de l'édit qui nous
obligea de les cacher.»

Le gouverneur lui dit alors : Vos sœurs ont souffert le supplice auquel nous les avions condamnées. Pour vous, j'ordonne que l'on vous exposera toute nue dans un lieu public, où l'on vous portera tous les jours un pain, et d'où les soldats ne vous laisseront pas sortir. Cet ordre fut exécuté. On conduisit la sainte dans un lieu de perdition : on la dépouilla de tous ses vêtements, mais Dieu, qui conserve ses saints, ne permit à personne d'en approcher, ni même qu'on fît ou dît en sa présence rien qui pût choquer la vertu.

Peu de temps après, Dulcère la fit venir, et lui demanda si elle persistait toujours dans sa témérité. « Ma résolution, dit Irène, n'est point téméraire : j'obéis à Dieu, et je l'honore par cette fermeté. » Après cette réponse, le juge écrivit sa sentence en ces termes : J'ordonne qu'Irène sera brûlée vive comme ses deux sœurs, parce qu'elle a refusé comme elles, d'obéir aux empereurs, et qu'elle persiste dans la religion chrétienne. La sainte étant arrivée au lieu du supplice, monta elle-même sur le bûcher en chantant des psaumes.

TRAVAUX AGRICOLES

POUR

LE MOIS D'AVRIL.

C'est suivant la supputation ordinaire, le quatrième mois de l'année. Le soleil entre dans le signe du taureau, vers le 20 de ce mois et paraît le parcourir jusqu'au 20 mai environ. Dans les campagnes, il y a un grand nombre de travaux à faire pendant ce mois. On continue de semer les mars, ou menus grains, le sainfoin ; on taille la vigne nouvelle, on laboure les terres qui ne l'ont point encore été ; on fait saillir les cavales, les ânesses et les brebis ; on nettoie les ruches des abeilles, et on fait la chasse aux papillons ; il n'y a pas de mois où la terre soit plus propre à recevoir toutes sortes d'arbres, de plantes et de semences.

Dans le jardin fruitier, on doit faire la seconde taille aux branches à fruits des pêchers, abricotiers, amandiers, pendant qu'ils sont en fleurs, tant pour ôter les endroits qui 'n'ont pas fleuri, que pour les raccourcir jusqu'au fruit noué, et les pincer; on les couvre pour les préserver de la gelée. On arrose une fois la semaine le pied des arbres nouvellement plantés ; on greffe les arbres en fente sur poirier, pommier et prunier ; et sur la fin du mois, on dégage les espaliers ; on en range les branches, et on fait la troisième taille des fruits à noyaux.

Dans le jardin potager, on sème en pleine terre et sur couche différentes espèces de légumes ; on taille les melons et les concombres; on commence à donner un peu d'air à ceux qui sont sous cloches ; on plante les bordures et les fraisiers ; on sème par intervalles un peu de laitues de Gênes, pour en avoir à replanter jusqu'à la moitié de septembre; on lie celles qui ne pomment pas bien ; enfin on arrose tout le potager, à l'exception des asperges.

Dans le jardin à fleurs, c'est la saison favorable pour transplanter et pour tirer toutes les plantes de la serre. On couvre les fleurs pour les préserver des vents, de la pluie, du soleil, et des autres injures du temps. On arrose toutes les plantes qui sont en caisse, ou en pots et on sarcle exactement.

LE

CALENDRIER GASTRONOMIQUE

POUR AVRIL.

DES ALOSES.

Les premiers jours de ce mois appartiennent encore communément au carême : ils nous suffiront pour manger des aloses, poissons de mer qui remontent les rivières pour venir trouver jusques chez eux les gourmands dont ils sont très-estimés. Les aloses de Seine méritent surtout de l'être par la délicatesse de leur chair, qui est une véritable noisette aquatique. C'est là que de maigre et sèche qu'elle était dans l'Océan, l'alose devient grasse et charnue. On la mange au court-bouillon ; mais la manière la plus ordinaire est de la servir, soit rôtie, soit grillée, sur une bonne farce à l'oseille ; c'cst le lit de repos sur lequel elle s complaît le mieux · elle est là comme une petite maîtresse sur l'ottomane de son boudoir.

DE L'AGNEAU.

Le temps pascal est tout à la fois la fête des agneaux et celle des jambons : le premier pour rôt, le second pour relevé d'entremets. Quoique l'agneau soit une viande assez fade, trop jeune et de difficile digestion, on le lui pardonne en faveur de sa blancheur et de sa tendreté. Un quartier d'agneau à la broche est donc un mets assez estimé, surtout, si, ayant manié environ une livre d'excellent beurre, avec persil, ciboules et fines herbes hachées, on en forme une boule que l'on introduit sous l'épaule brûlante de l'agneau avant de la dépécer ; il en résulte une sauce qui donne à cette viande le relevé et la graisse qui lui manquent naturellement. Les gourmands font peu de cas d'un rôti d'agneau sans cette opération préliminaire, qui devient d'ailleurs un petit divertissement pour les convives. Car nous avons remarqué que ces sortes de ragoûts qui s'exécutent ainsi sur la table, raniment la joie et l'appétit des amateurs, surtout lorsque l'amphytrion sait entourer ce plat de toutes les ressources gastronomiques qui peuvent le faire valoir.

DU JAMBON.

Les jambons de Bayonne et de Mayence sont les plus estimés ; ce qui tient autant à la manière de les faire, qu'à la personne même du cochon, qui, sous deux latitudes si différentes, réunit presque le même degré d'excellence. Les jambons de Bayonne, qu'il faut toujours faire venir par terre, car la mer leur ôte une grande partie de leur qualité, sont plus gros, et pèsent ordinairement de quinze à vingt livres : ceux de Mayence, plus petits, sont aussi plus délicats, ce que nous n'aurions pas osé remarquer tant qu'ils étaient une denrée exotique : mais maintenant que, grâce à nos conquêtes, ils sont devenus pour nous une jouissance indigène, on peut les louer sans compromettre son patriotisme. Ces jambons se mangent à la broche, à l'allemande, au vin de Champagne, cuits sans feu et sans eau. On en tire une essence qui, dans une cuisine savante, et surtout lorsqu'elle sort du laboratoire du célèbre Prévost, devient une espèce de panacée : on les sert en tranches, à la poêle, etc. Mais toutes ces préparations ne conviennent qu'aux jambons vulgaires : ceux de Bayonne et de Mayence veulent être servis en entremets froids, panés et parés, ou tout au plus glacés dans les grandes occasiosn, comme fêtes, bals, etc. C'est à Pâques qu'ils sont dans toute leur bonté ; et jusqu'à la Pentecôte, c'est le relevé de rôti·le plus noble et le plus succulent. Mais c'est principalement à déjeuner que le jambon est apprécié comme il mérite de l'être. Pour peu qu'on réunisse cinq à six amis à ce repas, autour d'un de ces jolis mayençais, il disparaît en moins d'une heure ; surtout, si, pour ne pas le dépayser, l'on a soin de l'arroser avec d'excellent vin du Rhin, qui en est le digestif, comme le vin de Pic-Pouille, et autres vins de Roussillon, est celui des jambons de Bayonne. C'est un égard qu'on leur doit de ne les arroser qu'avec du vin de leur pays. Ils en sont bien plus faciles à digérer.

C'est avec les bayonnais que se font ces excellents pâtés qui ont immortalisé à Paris M. Le Sage, et que l'Europe gastronomique a preféré aux plus délicieuses pâtisseries ; le pâté de jambon est en effet une pièce de gastronomie qui trouve sa place sur toutes les tables, et qui est une immense ressource pour le service d'un couvert bien entendu. Du reste, Le Sage a eu des successeurs qu'il est bon de visiter au mois d'avril. Quinze à dix-huit cents jambons de Bayonne, dont le plus léger pèse vingt livres, pendant par le manche à tous les etages d'une maison, dont ils forment les plafonds, les plan

chers, et dont ils remplissent tous les vides,
sont un spectacle d'autant plus intéressant,
qu'il est unique dans son genre. Les divisions
de cette succulente demeure sont à claires-
voies; en sorte, que l'air circulant libre-
ment, caresse et conserve en même temps ces
précieux ouvrages. L'accès est interdit au jour
dans cette bibliothèque d'une espèce nouvelle,
afin d'en écarter les mouches; et pour s'opposer
à l'introduction des souris et des rats, un su-
perbe matou, noir et blanc, est préposé à la
garde de ces dix-huit cents jambons; et ce dis-
cret animal a cela de commun avec plus d'un
bibliothécaire, qu'il ne touche jamais au dépôt
qui lui est confié. Sa réputation bien établie
dans tout Paris, lui attire souvent la visite des
plus jolies femmes qui viennent en voiture lui
prodiguer leur admiration et leurs caresses qu'il
reçoit avec une modestie vraiment édifiante. On
récompense sa probité par une nourriture abondante, mais sa discrétion n'en est pas moins
louable. Combien de gens, qui, bien payés et
bien nourris, n'en sont pas pour cela plus sobres
ni plus fidèles ! Quoique tous ces jambons soient
destinés à être mis en pâte (et quelquefois cette
énorme provision devient insuffisante), le pâtis-
sier en détache quelques-uns, qu'il cède, cuits
à sa manière, à ses véritables amis. C'est ce qu'on

peut manger de plus succulent et de plus délicieux à Pâques.

Le mois d'avril, sans être des plus stériles pour
la bonne chère, ne soutient pas, à beaucoup
près, la réputation de ses trois aînés. Ainsi,
comme le remarque un auteur célèbre, en parlant du printemps : « Si cette partie de l'année
« est la plus agréable, elle est aussi la plus in-
« grate en volailles, gibier, légumes et fruits. »

Il faut donc revenir à la boucherie; vivre
avec les agneaux en attendant mieux; se distraire
avec les jambons, surtout dans l'espoir des petits
pois et des maquereaux, qui ne tarderont pas à
paraître.

DES ASPERGES.

Sur la fin de ce mois on voit pointer les asperges, ce qui devient une grande consolation
pour ceux qui, las de pommes de terre et de fa-
rineux desséchés, soupirent après la verdure.

Ce légume, toujours cher à Paris, et qui ne
convient qu'aux riches, parce qu'il est peu substantiel et légèrement aphrodisiaque, est un manger fort délicat. Les meilleures viennent de Vendôme, et elles ont une supériorité tellement re-

connue sur celles des environs de Paris, qu'il est difficile de croire que ce soit le même légume. On sert les grosses cuites à l'eau, pour les manger, soit à la sauce blanche, soit à l'huile. Les petites s'accommodent en façon de petits pois, pour tromper notre espoir et calmer notre impatience. Mais dès que les véritables petits pois sont arrivés, elles craindraient de se présenter sous cette forme. C'est ainsi qu'une belle sur le retour, qui, dans une fête nocturne et à l'aide de nombreuses lumières, avait usurpé nos hommages, fuit à l'aspect de l'aurore, et n'ose soutenir le parallèle avec une Hébé parée seulement de ses dix-huit printemps et de ses fraîches couleurs.

Les asperges se mangent aussi à la crême, au jus, confites, même en omelettes. Elles servent de garnitures à divers ragoûts : on les confit; mais, nous le répétons, leur plus bel apanage est de paraître dans leur entier, cuites au naturel. C'est un fort beau plat d'entremets, et l'un des faisceaux les plus agréables à rompre. On les sert avec la main, et ce serait un manque de savoir vivre que d'y employer la cuiller.

LETTRE

SUR LES

TRAVAUX DE PRINTEMPS.

L'hiver n'est plus, mesdames, et bientôt le délicieux printemps nous apportera les beaux jours. Déjà les feuilles s'échappent des bourgeons, la fleur s'entr'ouvre; les gentils oiseaux, pour essayer leurs voix, font retentir les airs de leurs mélodieuses chansons; les insectes aux robes diaprées naissent, volent et bourdonnent; en un mot, c'est le réveil de la sublime nature! Nous devons donc aussi dire adieu aux fêtes et aux joies que les frimas apportent et entraînent à leur suite; mais, comme la prudente fourmi, c'est avec le plus grand soin qu'il faut se séparer de ses compagnes de plaisir, afin de les retrouver *à la saison prochaine*; vous comprenez sans peine que c'est de vos coquettes toilettes de soirées que je veux vous parler ici.

Je vous l'ai dit toujours, et je vous le répéterai sans cesse, l'ordre est le plus grand charme d'une femme ; car cette qualité en fait naître mille autres avec elle. Quelle que soit la position, quelle que soit la fortune où vous pouvez être appelées un jour, faites-en donc toujours votre compagne fidèle. Le gaspillage est un vol fait aux malheureux et une offense envers le ciel ; donnez beaucoup si vos moyens vous le permettent ; mais ne laissez jamais rien se perdre ou se gâter par votre faute.

Voici en vérité, mesdames, un exorde bien grave pour servir tout simplement d'avant-garde à quelques modestes conseils que je veux vous donner dans l'intérêt de vos robes et de votre beauté ; mais que voulez-vous, mesdames, je suis prêcheuse par caractère et aussi par conviction ; passez-moi donc cette faiblesse en considération de tout l'attachement que j'ai pour vous, et venons-en bien vite aux petits arrangements que le changement de saison nécessite.

Si l'appartement que vous occupez vous le permet, ne mettez pas vos légères robes garnies dans des cartons ou dans des caisses, car elles s'affaissent sur elles-mêmes et se chiffonnent presque autant que si elles étaient portées ; mais mettez-les dans de très-grands sacs froncés par le haut, absolument comme on fait pour les lustres, et suspendez-les à une corde placée à une assez grande distance du mur pour qu'elles n'y puissent pas toucher; alors vous les trouverez fraîches et charmantes, à condition, toutefois, qu'avant de les enfermer ainsi, vous les rafraîchissiez comme si vous alliez les mettre. Si elles sont en soie, il faut les repasser à l'envers, en ayant auparavant fait glisser une serviette humide sur l'endroit où va passer le fer. Puis, si le bas est un peu taché ou sali, nettoyez-le avec un petit coton trempé dans de l'esprit de vin, en ayant soin de frotter jusqu'à ce que ce soit sec; c'est ainsi que l'on nettoie ses souliers de satin blanc quand on veut s'en servir plusieurs fois.

Vos rubans doivent être rafraîchis par le même procédé que vos robes de soie. Quant à vos parures de fleurs, il faut avoir la précaution de les déchiffonner avant de les serrer, car l'hiver prochain elles ne seraient pas mettables. Prenez donc de petites pinces, armez-vous d'un peu de patience, puis redressez toutes les feuilles. Après cela, vous les placerez dans des cartons séparés, en ayant la précaution de les attacher à de petits cordons, afin qu'elles n'appuient pas sur le fond du carton, ce qui les chiffonnerait de nouveau; puis, après avoir fermé le couvercle, il faut coller de petites bandes de papier tout autour, afin de calfeutrer le carton de façon que l'air n'y puisse point entrer.

Vous vous plaignez de perdre vos cheveux! cela n'est pas étonnant. L'influence du printemps et la fatigue des coiffures d'hiver en sont deux causes toutes naturelles; et voici ce que je vous conseille de faire pour lutter contre elles. D'abord rafraîchissez vos cheveux en les coupant résolument à la pointe. Changez les raies de vos bandeaux en les faisant, soit plus haut, soit plus bas, selon votre fantaisie, et tous les soirs en vous couchant, graissez-vous la tête avec le nouveau régénérateur Gellé frères, non en en mettant comme de la pommade qui ne sert qu'à lustrer, mais en ouvrant vos cheveux, et en en mettant avec le bout du doigt sur la racine, surtout à l'endroit du crâne et de l'ancienne raie de vos bandeaux.

Vous devez aussi, à ce moment de l'année, faire visiter vos dents: l'hiver leur est contraire; et je vous l'ai déjà dit, il faut prendre le mal à sa naissance pour éviter toutes suites fâcheuses. M. Darboville est un dentiste sage et prudent, point charlatan et fort habile, que je vous conseille de consulter dans cette occasion. Deux visites par an, à moins de cas exceptionnels, suffisent à l'entretien de la bouche. Qu'est cela, je vous prie, dans un budget bien entendu, quand on pense aux conséquences immenses qu'elles peuvent avoir, et pour la beauté et pour la santé?

Souvent les veillées échauffent le teint et fatiguent les yeux. Si vous éprouvez ces deux incommodités, je vais, ma chère petite, vous donner le moyen de vous en débarrasser promptement, et il vous sera facile de l'employer, puisque vous devez prochainement partir pour la campagne.

Vers le milieu du printemps, quand les rosées sont très-abondantes, exposez à l'air, pendant les nuits bien sereines, des plats et des linges bien blancs pour recevoir la rosée qui tombe ; le matin, aussitôt votre réveil, débarbouillez-vous avec la serviette mouillée, mettez dans une œillère la rosée que vous aurez recueillie dans un plat, et trempez-y vos yeux chacun leur tour en les laissant sécher sans les essuyer. Au bout de quelques jours, vous serez complètement débarrassée de toutes vos petites infirmités.

Comme il est impossible d'avoir toujours de cette rosée printanière, on peut y suppléer par du vinaigre rafraîchissant et tonique dont voici la recette :

Prenez deux livres de fleurs de lavande, de romarin, de thym, de serpol et et de sureau : la vande doit être en plus grande quantité que les autres; faites-les bien sécher à l'ombre; mettez-les dans une petite cruche en grès ou en verre, jetez trois litres de vinaigre par-dessus, bouchez bien hermétiquement cette cruche, exposez-la au soleil pendant environ trois semaines; puis tirez au clair, et vous aurez un vinaigre excellent pour la toilette.

En voilà encore un autre que je vous donne à choisir; il est moins rafraîchissant, mais d'un parfum plus agréable :

Mettez dans une petite cruche, ayant soin toujours qu'elle soit en verre ou en grès, car le métal décompose le vinaigre et le rend dangereux, deux livres de violettes au moment où vous venez de les cueilir, après avoir ôté le vert, et six onces de racine d'iris de Florence pilée; mettez dessus la même quantité de vinaigre que pour le précédent, laissez également infuser au soleil, et vous aurez la plus délicieuse chose du monde pour embaumer l'eau dont vous vous servez pour faire votre toilette.

Adieu, mesdames, comptez toujours sur ma tendre affection pour vous, et mettez, sans vous en gêner, ma vieille expérience à votre service.

A. L.

HYGIÈNE DOMESTIQUE.

DE LA

DENTITION DES ENFANTS [1].

L'époque à laquelle paraissent les premières dents est en général très-variable ; tantôt, en effet, les enfants naissent avec plusieurs dents, comme Louis XIV par exemple ; d'autres fois, au contraire, elles ne viennent que fort tard. Cependant, en général, l'éruption commence six à huit mois après la naissance.

L'enfant a vingt dents temporaires ou de lait qui toutes doivent tomber et être remplacées par trente-deux dents permanentes, vulgairement appelées dents de sept ans, époque à laquelle elles commencent à paraître.

Les dents temporaires sortent presque tou-

(1) Nous devons à l'amitié de M. Désirabode le droit de publier ce travail, précieux pour toutes les mères de famille.

jours par groupes de deux ou de quatre à la fois, et de la manière suivante :

PREMIER GROUPE. — De cinq à neuf mois, deux dents incisives médianes inférieures.

DEUXIÈME GROUPE. — De onze à treize mois, quatre dents incisives supérieures.

TROISIÈME GROUPE. — De quinze à dix-huit mois, quatre molaires antérieures et deux petites incisives inférieures.

QUATRIÈME GROUPE. — De vingt à vingt-quatre mois, quatre canines.

CINQUIÈME GROUPE. — A trente mois, quatre dents molaires postérieures.

Ce qui donne pour ces cinq groupes, en vingt-cinq mois, un total de vingt dents : huit incisives, quatre canines et huit petites molaires.

L'on a beaucoup exagéré les conséquences funestes que peut entraîner la sortie des dents. Le plus souvent ce phénomène se passe sans accidents qui méritent d'attirer l'attention ; il est bon toutefois de veiller aux époques d'évolutions des groupes. C'est donc à tort qu'on attribue dans le monde la plupart des maladies de l'enfance au travail de la première dentition. La difficulté d'observer les maladies du premier âge et le peu de connaissances positives que nous avons sur cette partie de la pathologie ont contribué à enraciner cette opinion; et ce préjugé, résultat de notre ignorance, est ensuite

devenu populaire comme tous les autres préjugés en médecine.

Cette exagération une fois reconnue, on ne
peut cependant, sans tomber dans un excès
contraire, s'empêcher d'admettre que la sortie
des dents des alvéoles, qui en recélaient les germes ne soit un de ces actes auxquels la nature
procède rarement sans effort, effort qu'accom-
pagne presque toujours la douleur, et qui peut
aussi, dans quelques circonstances être la cause
directe ou le simple indice d'accidents assez
graves pour exiger une sérieuse attention.

De ce que les phénomènes morbides cessent
souvent d'une manière instantanée, au milieu
même de la plus grande intensité, dès le moment
où les dents se font jour à travers les gencives
qui les retenaient et comprimaient leur pulpe au
fond de l'alvéole, on a émis le précepte de fen-
dre cette barrière quand elle oppose une trop
forte résistance.

Cette petite opération se fait avec la pointe
d'un bistouri ou d'un canif, et réussit souvent
d'une manière si prompte et si efficace qu'on a
quelquefois le regret de l'avoir employé trop
tard. L'excision de la gencive qui recouvre la
dent est préférable à l'incision; il suffit pour
cela de faire deux incisions cruciales et d'enlever avec des ciseaux les quatre petits lambeaux

provenant de cette solution de continuité. Mais ce qui est surtout important de dire et ce que tous les auteurs ont omis d'enseigner, ce n'est pas seulement la gencive qu'il faut inciser, mais bien la partie de l'alvéole qui recouvre encore la dent et qui se refuse à lui livrer passage.

C'est probablement par l'oubli de ce précepte que Munter se vit obligé de recourir dix fois à cette petite opération. Ambroise Paré, le père de la chirurgie française, rapporte : « Monsei- « gneur de Nevers m'envoya quérir pour anota- « miser son fils mort, agé de huit mois ou « environ, auquel n'estait percé aucune dent. « Ayant déligemment regardé qui pouvait estre « cause de sa mort, n'en fut trouvée aucune, si- « non qu'il avait les gencives fort dures, grosses « et enflées, et les ayant coupées par dessus, « trouvay toutes les dents prestes à sortir pour le « peu d'aide qu'on y eût fait en coupant la gen- « cive. »

Lorsque la dent n'a plus que la gencive à per- cer, les désordres qui peuvent en résulter sont de bien peu d'importance, et si la dent n'a pas en- core pu se livrer passage à travers l'os maxillaire, la gencive ne tarde pas à se cicatriser et est plus tard beaucoup plus difficile à rompre par la dent. Quelques auteurs ont cru avoir bien remar- qué que l'incision de la gencive avait favorisé le développement de la carie, soit que les dents eussent été entamées par la pointe de l'instrument guidé par une main inexpérimentée, soit qu'elles eussent été mises à découvert avant la parfaite maturité de l'émail, si on peut se servir de cette expression.

Il faut donc conclure de tout ce que venons de dire que, bien que l'incision soit un moyen qu'approuve le raisonnement et que sanctionne dans un grand nombre de cas l'expérience, il ne faut cependant pas en venir inconsidérément à cette pratique que repoussent toujours les enfants et qui effraie les parents. Il faut avant de la mettre en œuvre être bien sûr de l'imminence de l'irruption et de la nécessité de l'accélérer encore, ce qu'on reconnaît surtout lorsque la dent fait saillie sous la gencive et quelle paraît prête à sortir. Dans le cas contraire, on se contente de faire mâcher à l'enfant quelque objet de médiocre consistance ; une racine de guimauve, de réglisse conviennent seules s'il y a tuméfaction, et remplaçent avec tant d'efficacité par leurs propriétés onctueuses les hochets et autres corps plus ou moins durs qui rendent les gencives plus compactes et offrent une grande résistance à la sortie des dents, que nous partageons entièrement l'opinion de J. J. Rousseau, qui, dans son Émile, s'exprime ainsi à ce sujet : « Par un ins-

« tinct machinal, l'enfant porte fréquemment à
« sa bouche tout ce qu'il tient pour le mâcher.
« On pense faciliter l'opération en lui donnant
« pour hochet quelque corps dur, comme l'i-
« voire. Je crois qu'on se trompe. Ces corps durs
« appliqués sur les gencives, loin de les ramol-
« lir, les rendent calleuses, les endurcissent,
« préparent un déchirement plus pénible et plus
« douloureux. Prenons toujours l'instinct pour
« exemple. On ne voit pas les jeunes chiens exer-
« cer leurs dents naissantes sur des cailloux, sur
« du fer, sur des os, mais sur du bois, du cuir,
« des chiffons des matières molles, qui cèdent et
« où la dent s'imprime. » Remarquons ici que la
comparaison du chien n'est pas applicable, puisque dans le cas, ses dents sont déjà sorties.

Au moment de la sortie des dents l'enfant est
parfois agité, inquiet, le sommeil devient pénible,
interrompu, et la soif ardente ; des vomissements,
la diarrhée et enfin des convulsions, des accidents
généraux viennent souvent aggraver cet état.

On combattra les vomissements en diminuant
le régime lacté, et en lui substituant l'eau d'orge
très-faible et legèrement gommée.

Les cataplasmes sur l'abdomen, les lavements
émollients amidonnés, les bains de gélatine et de
son, l'eau de riz seront employés contre la diarrhée.

Aux phénomènes cérébraux on opposera des sinapismes aux pieds, de légers purgatifs si l'intestin le permet, et enfin une ou deux sangsues derrière les oreilles, sur les piqûres desquelles on aura le soin d'appliquer de l'amadou dès qu'elles seront tombées.

Dans les convulsions, il faut le plus ordinairement employer les antispasmodiques et les immersions froides. Parmi les antispasmodiques, l'éther et la belladone doivent être mis en première ligne. On emploie le sirop d'éther à la dose de dix à vingt grammes et plus ; la belladone à un, deux ou trois centigrammes dans les vingt-quatre heures. Si la convulsion est plus persistante, les immersions froides seront employées à la condition qu'elles ne dureront qu'une demi-minute à une minute au plus, elles produiront ainsi une réaction favorable.

Dans quelques cas, si, par les moyens que nous venons de mentionner, la convulsion n'a pas cessé, on pourra employer l'opium, *une ou deux gouttes* de laudanum de sydenham par jour.

Mais, nous le répétons, c'est surtout dans une sage application des préceptes généraux de l'hygiène qu'on doit chercher les moyens de prévenir les orages de la première dentition, et de ramener cette fonction à cet état d'innocuité qu'elle devrait avoir d'après le vœu de la nature.

4 AVRIL

Par le secours de ces préceptes, on arrivera bien plus sûrement au résultat désiré qu'en employant les colliers d'ambre, de dents de serpents, de racines de pivoine et cette foule d'amulettes qui accréditent l'ignorance et la crédulité, et dont quelques dentistes, peu soucieux de la dignité de leur art, ont encore aujourd'hui le grand tort de conseiller ou la faiblesse d'autoriser l'usage.

Le sevrage prématuré des enfants de l'époque de la sortie des groupes des dents est souvent la cause de ces accidents ; aussi doit-on apporter la plus grande attention à choisir le temps convenable, s'il n'y a pas urgence. L'instant préférable est celui où un groupe de dents vient de sortir et laisse un temps de repos à l'enfant jusqu'à l'époque de l'évolution d'un autre groupe. Mais la quatrième éruption, celle des dents canines, est de toutes la plus défavorable et peu compromettre la vie de l'enfant si l'on vient à changer son alimentation, car la sortie des canines est la plus laborieuse. Ce sont les dents les plus profondes et les plus longues ; et en outre, étant serrées entre les incisives et les molaires, il se fait des efforts considérables d'où résultent souvent des accidents très-graves.

Le sevrage doit donc avoir lieu après que les quatre canines aont sorties. L'enfant doit téter jusqu'à seize dents.

VOYAGE GASTRONOMIQUE

DANS

LES DÉPARTEMENTS.

Prenez en main, ami lecteur, la carte gastronomique de la France, que nous avons placée ciaprés, contemplez-la avec un sentiment d'orgueil national ; voilà les richesses véritables de la France ! Comme un roi puissant qui parcourt ses États, arrêtez-vous dans chaque ville, dans chaque village ; tous se sont fait un nom par leurs productions gastronomiques.

Cette carte, au premier coup d'œil, a l'air d'un fragment de sphère céleste chargée de constellations ; mais, au lieu de la grande ourse, de la chevelure de Bérénice, du sagittaire, du scorpion, vous y voyez les bœufs, les moutons, les pâtés, les vins, les poissons, les poulardes, les confitures, les fromages, portés sur le sein de leur terre natale. Le chapon s'engraisse dans le

Mans, la sardine côtoie La Rochelle, la truffe est enfouie dans le Périgord, la hure se montre dans les remparts de Troyes.

Nous aurions voulu pouvoir indiquer à côté de chaque ville et de chaque production l'adresse des marchands qui fournissent les denrées de premier choix. D'insurmontables difficultés ne nous ont pas permis d'achever ce travail. En attendant, voici une espèce d'itinéraire, un guide du voyageur, qui ne sera pas sans utilité.

Abbeville. — Pâtés.

Aix. — Huile, anchois, olives, thon, eau-de-vie.

Ai. — Vin mousseux.

Alençon. — Oies grasses.

Agen. — Prunes.

Amiens. — Pâté d'anguilles.

Andaye. — Eau-de-vie.

Angoulême. — Galantines, pâtés de perdrix truffés.

Arbois. — Vin mousseux.

Ardennes. — Moutons.

Aurillac. — Vin.

Autun. — Vin.

Bar. — Confitures de groseilles et d'épines vinettes.

Bayonne. — Jambons, chocolats, cuisses d'oie, fromages, vins.

Beaune. — Vin.

Besançon, — Langues fourrées, fromages.

Blois. — Liqueurs,

Bocage. — Mouton.

Bolbec. — Coqs vierges, cidre.

Bordeaux. — Vin, liqueurs.

Bourbon-Vendée. — Bœufs.

Bourg-en-Bresse, — Chapons,

Bourges. — Mouton.

Bourgogne. — Vins de Pomard, Pougeot, la Romanée, etc.

Bretagne. — Beurre, bœuf, sardines.

Brignolles. — Prunes et fruits secs.

Brives. — Galantines, volailles truffées, truffes.

Caen. — Huîtres, poisson de mer, volailles.

Cahors. — Vin.

Cancale. — Huîtres.

Chalons. — Andouillettes.

Champagne. — Vin, mouton, moutarde, poisson, cochonaille.

Chartres. — Pâtés, volaille, blé.

Clermont. — Conserves, confitures, vin, fromages.

Cognac. — Eau-de-vie,

Compiègne. — Faisan, lièvre, chevreuil, sanglier, gâteaux.

Dieppe. — Huîtres, soles, turbots, merlans,

esturgeons, coquillages; enfin toute espèce de poisson de mer.

Dijon. — Moutarde, confitures, vin, liqueurs, écrevisses, raisiné.

Epernay. — Vin mousseux.

Etretat. — Huîtres.

Fontainebleau. — Raisin, sanglier, chevreuil.

Forges (en Brai). — Biscuits à la crême, mirlitons.

Fécamp. — Harengs-saurs.

Gournay. — Beurre, fromage, canards.

Grenoble. — Liqueurs, ratafiat, poisson.

Havre. — Huîtres, poisson, homards, crevettes, poisson de mer de tout genre.

Honfleur. — Melons verts.

Isigny — Cidre, beurre.

Joigny. — Vin.

Laflèche. — Chapons.

Langres. — Lièvre, mouton, vin, liqueurs, coutellerie de table.

Lyon. — Marrons, saucissons, cervelas.

Mâcon. — Vin.

Mans. — Poulardes.

Marseille. — Figues, raisins secs, huile, olives, thon, anchois.

Montpellier. — Eau-de-vie, liqueurs.

Meaux. — Fromage, blé.

Melun. — Anguilles.

Metz. — Lièvres, fruits, mirabelles.

Montauban. — Cuisses d'oies.

Mont-d'Or. — Fromage.

Montmorency. — Cerises.

Nantes. — Térrines, sardines, poisson.

Narbonne. — Miel.

Nérac. — Terrines.

Neufchâtel. — Fromage, cidre, canards.

Niort. — Liqueurs.

Nîmes. — Liqueurs.

Orléans. — Vin, sucre, aloses, dindons, eau-de-vie, vinaigre.

Pantin. — Pâtés.

Paris. — Les productions du monde entier.

Périgueux. — Dindes aux truffes, pâtés.

Perpignan. — Becfigues, raisiné, vin.

Pithiviers. — Pâtés de mauviettes, gâteaux d'amandes.

Pontoise. — Veau.

Provius. — Poires tapées.

Puy-de-Dôme — Fromages, cotignacs.

Quercy. — Perdreaux rouges, bécasses.

Quimper. — Beurre, poisson.

Rennes. — Beurre.

Reims. — Vin mousseux, pâtés, pain d'épices, biscuits, jambonneaux.

Roquefort. Fromages.

Rouen. — Pâtés de veau, cannetons, cidre.

gelée de pomme, épine-vinette, sucre de pomme, confitures et conserves, bonbons et sucrerie de toute espèce, poisson d'eau douce, aloses, saumons.

Salins. — Sel.

Sancerre. — Vin, gibier, poisson.

Soissons. — Haricots.

Saint-Flour. — Vin, fromage.

Saint-Germain-en-Laie. — Gibier.

Sainte-Ménehould. — Pieds de cochon.

Strasbourg. — Pâtés de foies gras, carpes et vin du Rhin, choucroûte, écrevisses, brochets.

Tonnerre. — Vin.

Toulouse. — Vin, pâtés, ortolans.

Toulon. — Coquillages, dails, oursins.

Tours. — Pruneaux.

Troyes. — Hures de cochons, langues de moutons.

Valogne. — Mouton, volaille, beurre.

Vassy. — Mouton.

Vendôme. — Asperges.

Verdun. — Dragées, liqueurs.

Versailles. — Gibier.

Vierzon. — Cochon, lamproies.

Viry. — Fromage.

Yvetot. — Coq vierge, cidre.

FORMULAIRE DE CUISINE.

Voici quelques règles générales et quelques recettes d'économie domestique que donnent les divers dispensaires, et que nos lectrices nous sauront gré d'avoir réunis ici.

Pour les rôtis et les viandes grillées en général, il est important de proportionner l'ardeur du feu à la quantité et à la qualité des viandes.

Le bœuf et le mouton veulent être saisis par un feu très-vif et arrosés très-souvent, afin d'éviter la perte et l'évaporation du jus. Ceci est élémentaire. On diminue ensuite graduellement le feu pour que la cuisson ne soit pas trop hâtée. Mais comme il est essentiel que ces deux qualités de viande conservent tous leurs sucs, il ne faut pas les laisser languir à la broche.

Le veau ne doit jamais être servi saignant. On l'arrose avec du beurre fondu plutôt qu'avec de la graisse.

Une volaille desséchée au feu et qui a perdu la partie essentielle de ses sucs est un triste manger. Il faut donc aussi qu'elle soit saisie fortement en paraissant devant le feu. Mais pour éviter que la peau brûle ou se crispe d'une façon très-désagréable au goût et à l'œil, on enveloppe avec un papier frotté d'huile ou de beurre les volailles blanches, comme les dindons, les chapons, les poulets, etc. En arrosant, vous retirez le papier, et les laissez alors exposés à un feu vif pendant un instant. Il n'en faut pas davantage pour que les bardes, les lardons et la peau prennent une belle couleur. La volaille noire, telle que les oies et les canards, a la peau ferme et épaisse. Elle peut supporter un feu vif comme les grosses viandes.

Les levrauts et les lapereaux parés pour la broche sont piqués de lardons fins très-rapprochés les uns des autres. Cette disposition dispense de les envelopper pour éviter les inconvénients de la vive chaleur.

Les cailles, les perdreaux et les perdrix sont évidemment gouvernés à la broche comme la volaille blanche.

Les bisteacks et autres préparations sur le gril doivent être également saisis par le feu, pour la concentration des sucs ; mais il faut éviter soigneusement de les laisser dessécher ou seulement trop cuire.

Pour tous les rôtis en général, on connaît que

le moment de les retirer de la broche est arrivé quand les chairs lancent des jets de fumée à la plus petite incision qui leur est faite.

Voici, du reste, un tableau détaillé de l'espace de temps que chaque pièce doit rester au feu, en supposant toujours un bon feu et une broche. Quand on fait rôtir dans une cuisinière, la cuisson est un peu plus prompte. On en juge par le moyen précédent.

Rôti de bœuf, pesant 10 livres, 2 heures 1/2 à la broche, *idem*, pesant 5 livres, 1 heure 1/2.

Mouton, gigot ou épaule, 6 livres, 1 heure 1/2. *idem*, pesant 4 livres, 1 heure.

Agneau, un gros quartier, 1 heure, *idem*, un petit quartier ou gigot, 3/4 d'heure.

Veau, pesant 4 livres, 2 heures, *idem*, pesant 2 livres, 1 heure 1/4.

Porc frais, pesant 4 livres, 2 heures, *idem*, pesant 2 livres, 1 heure 1/4.

Cochon de lait, entier et gros, 2 heures 1/2, *idem*, petit, 2 heures.

Venaison, pesant de 8 à 10 livres, 2 heures, *idem*, pesant 4 livres, 1 heure.

Lièvre, gros, 1 heure 1/2.

Levraut, 3/4 d'heure.

Lapin, gros, 3/4 d'heure, *idem*, petit, 1|2 heure.

Dindon , gros, 1 heure 1/2, *idem*, moyen, 1 heure, *idem*, petit, 3/4 d'heure.

Poularde et chapon gros , 1 heure, *idem*, moyen, 3/4 d'heure.

Poulet, 3/4 d'heure.

Oie, grosse, 1 heure 1/4, *idem*, petite, 1 heure.

Canard, gros, 3/4 d'heure, *idem*, petit, 1/2 heure.

Faisant 3/4 d'heure.

Pigeon, 1/2 heure.

Perdreau, 1/2 heure.

Alouettes bardées, 20 minutes.

Petits oiseaux, de 15 à 20 minutes.

Bécasse, 1/2 heure, si elle est grasse ; maigre, 1/4 d'heure.

HISTOIRE ANECDOTIQUE DES LEGUMES

ET

MANIÈRES DIVERSES DE LES APPRÉTER.

Horace ne connaissait point notre céleri, il l'eût sans doute trouvé délicieux avec son vin de Massuque ou de Falerne. Ce sont les Italiens qui ont les premiers transformé l'aché sauvage en plante potagère. Le céleri cultivé offre plusieurs variétés remarquables. Le céleri plein, tendre, frais, mangé en salade, et assaisonné avec du vinaigre aromatique, avec de l'huile de Provence et un peu de moutarde fine, est vraiment délicieux. Il réveille l'action de l'estomac, donne de l'appétit, et une sorte d'alacrité qui se prolonge pendant quelques heures ; mais il se faut bien porter pour digérer le céleri cru. Faites-le cuire au jus pour le malade et le convalescent ; s'il a moins de parfum, il est plus nourrissant et plus digestible. On en fait également des potages, des ragoûts de toute sorte. Il donne une saveur délicate à la purée de gibier et à toutes ces riches garbures qui parent la table des gourmands.

Ragoût de céleri. — Vous faites cuire du céleri haché comme la chicorée ou les épinards. Vous l'assaisonnez de poivre, de sel, de muscade; vous le nourrissez de bon bouillon, et vous le servez avec des croutons dorés. Vous pouvez même si vous êtes un peu friand, placer sur ce lit bien douillet quelques ortolans ou quelques filets de perdreaux rouges. Essayez de ce plat, vous en serez peut-être satisfait. Sa recette a été communiquée par un vrai disciple d'épicure, par le docteur Bonnafus de Perpignan; Grimod de la Reynière, s'il l'avait connu lui aurait dressé des autels. Il est vrai qu'il n'a rien écrit. Tout ce qu'il a dit, tout ce qu'il a fait est perdu pour les races futures. Quelle perte !

Nous voici aux haricots secs, aux fameux haricots de Soissons. Leur réputation n'est point usurpée. On les mange au jus, au beurre, à l'huile, au citron, en purée ; mais tout cela vaut-il les haricots arrosés avec le jus d'un gigot des Ardennes, ou de Pré salé ? Demandez plutôt à Berchoux, poète gastronome :

Les hommes friands, habitués à une chère délicate, ne dédaignent pas les mets un peu vulgaires. Ils savent fort bien que les infidélités de la table plaisent à l'estomac, qu'elles lui donnent une sorte de repas qui le recrée et le ravive. Les nouveaux riches, revenant un peu sur le passé aiment également à retrouver leurs anciens amis dont ils avaient oublié les services. Au reste, cette réconciliation les honore ; l'ingratitude est à nos yeux un vice détestable : on ne doit jamais oublier ceux qui nous ont nourris, fut-on ministre ou grand d'Espagne.

Mais la preuve que les haricots sont presque une friandise, c'est que M. le marquis de Cussy, le gastronome le plus aimable du dix-neuvième siècle, abandonne les blancs des bartavelles, les filets de sole assaisonnés de truffes, aussitôt que paraissent les haricots de Soissons.

Un homme qui vivra longtemps dans l'histoire, un homme rare, un homme frugal comme un spartiate, avait pourtant quelques velléités gastronomiques. Il aimait surtout la palenta et les haricots secs à l'huile. L'empereur Napoléon se régalait de temps en temps à déjeuner avec ce légume en salade. Voila donc les haricots parfaitement réhabilités dans la gastronomie usuelle. Ils ont les plus illustres suffrages, les suffrages de Napoléon et du marquis de Cussy. L'un les mangeait à l'huile, l'autre au jus de gigot. Les amateurs qui marchent sur les traces des grands hommes peuvent maintenant choisir.

Nota. Il faut du mouvement, de l'exercice et un bon estomac pour bien digérer l'haricot.

Le chou. — Nous pourrions évoquer les ombres

des Grecs et des Romains pour prouver que le
chou a mérité les suffrages des premiers peuples
de la terre. Et par exemple, Caton, le sévère Caton, ennemi irréconciliable des médecins, médi-
castre lui-même, traitait toute sa maison avec le
chou, sans distinction de maladie, et, chose mer-
veilleuse, ses gens ne s'en trouvaient pas plus
mal. A l'exception d'Auguste, tous les empereurs
jusqu'à Vespasien furent gourmands. Mais il
faut le dire, à la louange de ce stupide Claude, ce
fut lui qui releva le chou par l'amour qu'il por-
tait au petit salé. « Pères conscrits ! s'écria-t-il un
« jour en entrant au Sénat, dites-moi, je vous
« prie, est-il possible de vivre sans petit salé ? »
Et l'honorable compagnie de répondre aussitôt : « Oui, Seigneur, plutôt mourir que de se
passer de lard. » Dès ce moment, les sénateurs
pour faire la cour à Claude, se régalèrent de petit salé aux choux. Voilà comme la lâcheté des
courtisans si fatale aux rois, fait pourtant revi-
vre de bonnes choses méprisées ou tombées en
désuétude.

Les peuples modernes n'ont pas moins aimé le
chou. Dans les contrées du Nord, il est l'aliment
du pauvre comme du riche. Sans adopter pleinement les méthodes culinaires des allemands,
parfois un peu romantiques, je leur saurai gré
toute ma vie de leurs bonnes recettes pour la pré-

paration du chou et surtout de la choucroûte.

Le chou est une plante potagère qui se prête à toutes sortes d'assaisonnements, de mélanges, de combinaisons. Et cette préparation toute classique, qui a traversé tous nos mouvements révolutionnaires sans changer de nom, sans rien perdre de sa renommée ; ce plat de choux surmonté de deux belles perdrix du Mans d'une blancheur appétissante, et d'un morceau de lard de Strasbourg blanc et rose comme un joli minois, qu'en dites-vous ? Qui osera soutenir que c'est un plat vulgaire ? S'il l'ose, fut-il un Apicius, je le tiens pour un barbare, pour un gourmand de mauvais goût. On a dit beaucoup de mal et beaucoup de bien de toute espèce de choux. En général, l'avis des médecins ne leur est pas favorable ; ce légume, il est vrai, convient peu aux valétudinaires, aux convalescents, aux hypocondriaques ; il est excellent pour les estomacs vigoureux, pour ceux qui font un exercice convenable.

L'*Oignon* est originaire de l'Afrique. C'était une des divinités des Égyptiens. Chez ce peuple, dit Juvénal, mordre dans un poireau ou dans un oignon, ce serait un sacrilége. O la sainte nation, qui voit ses dieux croître dans les jardins ! Mais les Grecs ne craignaient point de se régaler d'oignons. Dans les *banquets des savants*, Hermippus vante ceux de Corcyrie. Pour les Corcyriens, dit-il, puisse Neptune les abîmer dans leurs vaisseaux pour qu'ils gardent leurs oignons pour eux. Antiphône fait également l'éloge des oignons de Samothrace.

Depuis fort longtemps cette plante potagère a fait le tour du monde. On la voit partout nourrissant le pauvre, aiguisant les mets du riche; et il n'y aurait pas maintenant de cuisine possible sans oignon. On préfère l'oignon blanc, surtout celui d'Espagne et le petit oignon blanc de Florence; que les vrais cuisiniers le métamorphosent de mille manières; qu'ils le cachent adroitement dans leurs grandes et petites sauces; qu'ils le glacent; qu'ils le mettent en purée, en saupiquet ou en marinade, pourvu qu'ils nous permettent seulement de parler de soupe à l'oignon ! — Une soupe à l'oignon ! y pensez-vous? — Et pourquoi pas, si elle est bien faite? — Au reste, la voici telle que la faisait un gastronome célèbre, dont le monde gourmand portera longtemps le deuil.

Soupe à la Cussy.—Vous choisissez une vingtaine de petits oignons; vous les épluchez, vous les coupez par tranches, et vous les mettez dans une casserole avec un morceau de beurre frais et un peu de sucre; vous les tournez jusqu'à ce qu'ils soient d'une belle couleur d'or; puis vous

les mouillez avec du bouillon, et vous ajoutez
la quantité de pain nécessaire. Au moment de
verser votre potage, vous l'arrosez de vieille eau-
de-vie de Cognac.

Pour faire pénitence dans le carême, M. de
Cussy préparait lui-même cette soupe un peu
romantique, et il en mangeait une belle assiettée.
Si quelque ami venait le surprendre, il tenait en
réserve, dans son garde-manger, une queue de
saumon et une botte d'asperges. C'est ainsi qu'il
donna à dîner un jour de la semaine sainte,
c'était le jeudi. Il faisait, d'ailleurs, peu de cas
du potage, lorsqu'il savait qu'un dîner fin devait
suivre. Voici un de ses aphorismes : « La soupe
« est la préface du dîner. Un bon ouvrage n'en
« a pas besoin. »

L'asperge croît naturellement dans les bois,
dans les haies, dans les sables maritimes, sur le
rivage des fleuves. Les anciens ont connu et cultivé l'asperge. Athénée parle de l'asperge des
prés et de l'asperge des montagnes. Il dit que les
meilleures sont celles qui viennent sans avoir été
semées. Martial, Pline et Juvénal parlent aussi
de plusieurs espèces d'asperges. Les Romains
estimaient particulièrement celles de Ravenne.
« La nature, dit Pline, a voulu que les asperges
« fussent sauvages, afin que chacun les cueillît
« en tous lieux; mais déjà perfectionnées à force

« de soins, elles étonnent par leur grosseur.
« Ravenne les vend trois à la livre. » Juvénal,
après avoir fulminé contre le luxe de la table,
nous donne le menu de son petit souper de
campagne. « Tu m'as promis, Persicus, de sou-
« per chez moi ; je t'y recevrai avec la même
« frugalité qu'Évandre reçut Hercule ou Enée.
« Voici les mets qui te sont destinés ; aucun ne
« viendra du marché. Ma maison de Tirolé four-
« nira un chevreau, le plus gras, le plus tendre
« de mes troupeaux ; il n'a point encore brouté
« l'herbe, ni mâché les branches des jeunes saules ;
« il a plus de lait que de sang. Nous aurons des
« asperges que ma fermière, quittant ses fuseaux,
« alla cueillir sur les montagnes. »

La tige succulente de l'asperge a une saveur
douce, un peu légumineuse. On en fait des potages, des ragoûts, des garnitures ; mais ordinairement on les sert à l'entremets, soit à la sauce
blanche ou en manière de petits pois, soit à
l'huile et au vinaigre.

LES BOISSONS USUELLES

Le *punch* est une boisson spiritueuse que les
Anglais nous ont fait connaître, et qu'on prépare
ordinairement avec le thé, le rhum, le suc de citron et le sucre. Au retour de la chasse ou de la
pêche, si l'on est pris d'une forte courbature et
d'un frisson, on pourra sans crainte prendre un
punch léger; c'est un des remèdes les plus agréables et des plus efficaces pour rétablir la transpi-
ration. Voici la formule adoptée par un classique de l'économie domestique fatigué et fris-
sonnant après une herborisation pénible.

PUNCH SUDORIFIQUE.

Vous faites infuser une pincée de thé vert et
une pincée de thé pekao dans une livre d'eau
bouillante. Vous versez votre infusion dans un
bol, et vous y mêlez deux ou trois cuillerées de

` rhum de bonne qualité, le jus d'un citron et la quantité de sucre nécessaire. Un peu de suc d'orange rendra votre punch plus agréable. Il y a loin de ce punch, d'une douceur attrayante, au punch préparé par Hoffmann le fantastique. « On parle beaucoup, dit-il, de l'exaltation que procure aux artistes l'usage des boissons fortes; on cite les poètes, les peintres, les musiciens, qui ne peuvent travailler que de la sorte. Je ne le crois pas; mais il est certain que, dans l'heureuse disposition, je dirai presque dans la conjonction divine, où l'esprit passe de la conception à la production, une boisson généreuse excite l'accélération des idées. Ce n'est pas que l'on conçoive des idées plus sublimes, mais je suis tenté de comparer cet état à une roue de moulin qu'une rivière gonflée fait couler plus vite; ainsi, les flots de vin poussent avec plus de violence nos rouages intérieurs. C'est là ce que j'éprouve moi-même en ce moment, où le cristal de mon verre, troublé par une épaisse vapeur, me montre un ami mystérieux qui change partout de nom; être inconnu, génie céleste, qui ne se fait sentir que par ses bienfaits ! Je veux parler de cette liqueur qu'on obtient en versant du rhum sur un lit de sucre et en allumant le gaz alcoolique qui s'en échappe.

» La préparation et la jouissance modérée de

cette liqueur me causent une béatitude extrême. Quand la flamme bleue monte en pétillant, je crois voir de légères salamandres s'abattre en sifflant sur ma coupe, et venir combattre les esprits de la terre que renferme le sucre. Ceux-ci soutiennent bravement la lutte; ils foudroient leurs ennemis de leurs petits jets de flamme jaune qui traversent en scintillant la vapeur bleuâtre; mais la puissance de leurs adversaires l'emporte, ils tombent et se décomposent en gémissant. D'autres vapeurs tournoient dans la fumée en décrivant des cercles couleur d'opale; ce sont les esprits aquatiques qui se dégagent et se perdent dans les airs, tandis que les salamandres, consumées par leur propre feu, s'épuisent et s'éteignent lentement ; elles expirent à leur tour, et des esprits nouveau-nés s'élèvent hardiment de ces décombres. Si donc il était vrai qu'on pût arroser le terrain de l'imagination (ce que je crois fermement, puisque boire accélère, non-seulement les idées, mais leur donne une certaine fraîcheur qui allége le travail de la fécondation), je conseillerais qu'on me versât du vin de France ou du Rhin pour écrire la musique sacrée; pour un opéra séria, le meilleur vin de Bourgogne; du vin de Champagne pour une pièce comique; mais, pour une création terrible et tendre, comme *Don Juan*, je proposerais un verre de cette liqueur magique où se combattent les gnómes et les salamandres. »

(HOFFMANN, *Fantaisies à la manière de Callot.*)

LE CAFÉ.

Tout le monde connaît ces graines délicieuses qui portent le nom de café, et tout le monde voudrait prendre chaque jour du café moka; mais on le trouve rarement pur dans le commerce : le café de l'île Bourbon le remplace. Quelques amateurs leur préfèrent même le café de la Martinique, qui est plus substantiel, mais d'un parfum bien moins suave. Avant la torréfaction, le café a une saveur un peu âcre et amère; il perd la première quand on le brûle, mais il conserve encore une partie de la seconde. La torréfaction développe les principes solubles; elle doit êtré modérée, si l'on veut conserver l'arôme et ne pas décomposer l'acide, la gomme et la résine. Ordinairement, on le réduit en poudre au moulin; mais il vaut mieux le triturer dans un mortier de marbre avec un pilon de bois. On a singulièrement exagéré, ce me semble, les dangers du café, et c'est à tort que le célèbre médecin de Lausanne en interdit l'usage aux hommes de lettres. Les Turcs, les Persans, les Indiens, tous les peuples de l'Europe font une grande consommation de café, et il ne paraît pas qu'ils s'en portent plus mal, qu'ils vivent moins longtemps. Voltaire, Fontenelle, Delille, l'empereur Napoléon en prenaient tous les jours. Les trois premiers sont morts de vieillesse ; c'est le chagrin et non le café qui a tué Napoléon. Si vous aimez le café, si vos entrailles ne sont point douloureuses ; si, après avoir savouré cette excellente liqueur, vous vous sentez ranimé, plus apte au travail, continuez et ne vous effrayez point des menaces, des prédictions sinistres du docteur Hahnemann, qui a comparé le café aux plus affreux poisons.

CAFÉ A LA CRÊME FRAPPÉ DE GLACE.

Vous faites une infusion assez forte de café Moka ou de café Bourbon ; vous la mettez dans un bol de porcelaine, vous la sucrez convenablement, et vons y ajoutez une égale quantité de lait bouilli ou le tiers d'une crême onctueuse. Vous entourez ensuite le bol de glace pilée. C'est un déjeûner délicieux pendant les grandes chaleurs de l'été. Le docteur Bonnafos, de Perpignan, le conseillait à ceux qui avaient perdu l'appétit et qui éprouvaient une faiblesse générale. Cet aimable épicurien, dont la mémoire sera toujours chère, nous disait un jour : « Etudiez, mon ami, ce qui est bon, ce qui plaît aux hommes. Tâchez de devenir un peu friand ; faites de petites expériences gastronomiques, sans blesser les lois de l'hygiène ; vous vous en porterez bien, et, dans certaines circonstances, vous exercerez sur les malades enclins à la gourmandise un pouvoir sans bornes.

Déjeûnez pendant les mois de l'été avec du café glacé, et pendant l'hiver avec du potage aux bécasses. Avec ce régime, j'ai ramené à la santé et à la raison un ancien chanoine qui ne mangeait presque plus et qui était dégoûté de la vie.

CODE ÉPISTOLAIRE.

CHOIX DE PRÉCEPTES EXTRAITS DES MEILLEURS TRAITÉS.

Avant d'écrire la première ligne d'une lettre, mettez-vous, par la pensée, en la présence de la personne absente ; parlez-lui la plume à la main.

Dans une lettre à un homme public ou à un protecteur, gardez-vous de montrer plus d'esprit qu'il n'en a.

N'écrivez pas longuement aux gens heureux. Ne demandez rien, ne refusez rien qui vous ferait rougir en le demandant ou en le refusant de vive voix.

Soyez-vous même ; ne cherchez à imiter personne. En vous proposant le laconisme dans le style, craignez de lui donner de la sécheresse.

Dans vos lettres, mettez-vous à la portée de ceux qui les recevront.

—

N'amassez point d'avance des idées brillantes ou profondes, pour les placer à mesure que l'occasion s'en présentera : c'est principalement dans le style épistolaire qu'il faut vivre au jour la journée.

—

Tous les genres d'écrire peuvent entrer dans le style épistolaire ; cela dépend du sujet et de l'auteur de la lettre. Le sublime n'exclut point la simplicité, tout au contraire, il la suppose.

—

Si vous ne pouvez éviter l'un de ces deux derniers excès, soyez incorrect plutôt que pédant. Ne rêvez pas trop longtemps avant d'écrire une lettre ; mais relisez-là toujours quand elle est écrite.

—

N'écrivez pas le premier à un ami subitement élevé ou enrichi ; attendez de ses nouvelles.

—

Les premières idées étant souvent les meilleures, répondez à une lettre sans délai ; mais attendez jusqu'au lendemain pour l'envoyer, surtout s'il est question d'affaires sérieuses.

—

Il est des choses qui doivent presque toujours se deviner, qui se disent quelquefois, mais qui ne s'écrivent jamais.

—

Soyez bref quand vous écrivez à une personne occupée : souvenez-vous qu'elle n'aura ni le temps de lire une longue lettre faite à loisir, ni la patience d'écrire de longues réponses.

—

Évitez les citations avec autant de soin que les fautes de langage.

—

Appliquez-vous à vous faire une signature lisible et simple : les paraphes sont des servitudes que l'on se crée pour la vie; la mode en est passée. N'oubliez point de dater votre lettre ; il y a des mots qui n'ont de signification que par la date, *hier*, *demain*, *lundi dernier*.

—

Il est des mots parasites qui se glissent à l'insu dans les lettres, tels que BIEN : —j'ai été *bien* contrarié, *bien* souffrant, j'ai *bien* regretté, etc. ; il faut les éviter.

—

La manière de plier et de cacheter une lettre n'est pas indifférente : une lettre pliée avec élégance est toujours lue la première.

—

Contractez la bonne habitude de ménager dans la troisième page de votre lettre un blanc pour la place du cachet, afin qu'en le brisant, le sens de plusieurs lignes ne soit pas dénaturé.

—

Commencez toujours par satisfaire la curiosité de la personne à qui vous écrivez, en répondant avec ordre à ce qui l'intéresse : redoutez pour votre lettre le malheur d'être *parcourue*.

—

Ne négligez point les formules convenues ; choisissez toujours les plus polies, elles donnent plus de liberté aux refus, aux questions ou aux reproches que vous pouvez être contraint d'adresser ; elles préviennent la familiarité des subalternes, des supérieurs et des égaux ; elles maintiennent les relations dans les termes où vous voulez qu'elles soient ; elles servent souvent même à en déterminer la nature.

—

L'absence des formules dites banales trahit toujours une étroite intimité, et peut, jusqu'a un certain point, dans une lettre, changer la valeur des mots.

LA PREMIÈRE COMMUNION.

FRAGMENT.

Camille, guidée par sa vénérable aïeule, par sa vertueuse mère et par un directeur habile professait la religion chrétienne dans toute sa pureté. Pleine d'une foi sincère, elle suivait le bien, fuyait le mal, se reprochait les moindres fautes, et n'apercevait pas les fautes les plus graves que les autres commettaient; elle était essentiellement modeste et tolérante; jamais le mensonge ne souillait ses lèvres; jamais un mouvement d'impatience ne faisait rougir son front; le pauvre trouvait un refuge dans sa pitié; elle dépensait en aumônes toutes les sommes destinées à ses menus-plaisirs; et quand on l'engageait à garder quelque argent, elle répondait :— Je ne manque que de ce que je ne puis pas donner. Le temps qu'elle consacrait à remplir ses devoirs religieux ne lui faisait négliger ni l'étude ni les travaux de son sexe; elle se ressouvenait sans cesse de ce précepte de son aïeule : Dieu n'exige pas seulement qu'on le prie, il exige encore que l'on exerce toutes les facultés qu'on a reçues de lui, pour les faire servir à l'avantage de sa famille et de la société.

Camille, parvenue à l'âge de treize ans, brûlait de s'unir plus intimement au Dieu de clémence dont elle chérissait la loi, et dit à son aïeule : — Bonne maman, je désire faire ma première communion, et je désire aussi que ce soit vous qui m'y disposiez. Les paroles sorties de votre bouche pénètrent toujours plus avant dans mon cœur que toutes les autres paroles. — Ma fille, répondit madame Mallebois, ce que je te dirais serait plus qu'insuffisant pour un si grand sujet; mais j'emprunterai, ainsi que je l'ai déjà fait dans une circonstance non moins importante, les expressions de Bourdaloue, qui souvent emprunta celles des apôtres, ces hommes instruits par J.-C. lui-même, et mon langage alors sera sublime comme sa source.

« Il faut d'abord être persuadé que la première communion est la plus grande, la plus sainte et la plus importante action de votre vie; elle est, pour ceux qui communient dignement, une source de grâces et de bénédictions spirituelles ; en conséquence il n'est aucune action où il soit plus dangereux pour vous d'agir par coutume, où vos négligences soient excusables, et où vous puissiez moins espérer de Dieu qu'il ne s'offense pas de vos froideurs et de vos relâchements.

» Le plus grand crime que vous puissiez commettre, c'est d'abuser de ce qu'il y a de plus auguste et de plus divin dans votre religion; de vous rendre coupable de la profanation du corps du Seigneur.

» N'attendez donc pas jusqu'au jour de la communion même pour vous y préparer; mais séparez-vous longtemps auparavant de toutes les choses qui pourraient vous dissiper l'esprit, comme de certains divertissements et de certaines conversations, dont l'inutilité et la vanité sont opposées à la sainteté de l'action que vous devez faire.

» Employez les trois ou quatre jours qui précèdent votre communion à faire de saintes lectures, qui vous remplissent l'esprit et le cœur des sentiments dont vous devez être pénétré sur un si grand sujet.

» Considérez le jour de votre communion comme un jour que vous devez entièrement et uniquement consacrer à Dieu, en sorte que vous accomplissiez à la lettre le précepte du Saint-Esprit; ne laissez rien échapper d'un bon jour sans en profiter, c'est-à-dire qu'aucune partie du

6 AVRIL.

jour si heureux ne soit perdue pour vous, et que tout ce que vous ferez ce jour-là se rapporte à l'action principale dont vous devez être occupé, qui est la communion même; vous levant, par exemple, dans cette pensée : voici le jour que le Seigneur a fait pour moi; allant à l'église dans ce sentiment : voici l'époux qui vient, allons au devant de lui; mais pardessus tout ne faisant aucune action, ni profane, ni frivole, qui puisse marquer un esprit lâche et peu touché des choses de Dieu.

» Assistez à la messe où vous devez communier avec le même esprit que vous auriez voulu assister avec les apôtres à la dernière cène, où Jésus-Christ les communia de sa propre main ; puisqu'en effet ce qui se passa pour lors dans la personne des apôtres va se renouveler dans vous, et que par le ministère du prêtre, qui vous représente Jésus-Christ, vous allez être participant de la même grâce, et recevoir le même honneur qu'eux. Pour cela, entretenez-vous pendant la messe, et jusqu'au temps de la communion, dans les affections ou dans les pensées suivantes :

» D'une vive foi de la présence réelle de Jésus-Christ dans l'Eucharistie, faisant intérieurement la profession de cette foi, et disant avec l'aveugle-né de l'Evangile : Oui, Seigneur, je crois que c'est vous-même que je vais recevoir dans ce sacrement ; vous-même qui, étant né pour moi dans une crèche, avez voulu mourir pour moi sur la croix, et qui, glorieux dans le ciel, ne laissez pas d'être caché sous ces espèces adorables. Je le crois, mon Dieu, et je m'en tiens plus assuré que si je le voyais de mes propres yeux, parce que mes yeux me pourraient tromper, et que votre parole est infaillible. Quoique mes sens et ma raison me disent le contraire, je renonce à mes sens et à ma raison pour me captiver sous l'obéissance de la foi ; et, s'il fallait souffrir mille morts pour la confession de cette vérité, aidé de votre grâce, Seigneur, je les souffrirais plutôt que de démentir sur ce point ma créance et ma religion. »

« D'une adoration respectueuse, qui est comme la suite naturelle de cet acte de foi. Car, puisque c'est Jésus-Christ même que vous allez recevoir, il est juste que vous lui rendiez auparavant l'hommage que vous lui devez comme à votre souverain et à votre Dieu ; à l'exemple des premiers chrétiens, qui, selon le témoignage de saint Augustin, ne recevaient jamais la chair du Sauveur dans les sacrés mystères, sans l'avoir premièrement adorée. Ainsi, pendant que le prêtre célèbre, mais particulièrement à l'élévation de l'hostie, vous répéterez souvent d'esprit et de cœur ces paroles de saint Thomas : Mon Seigneur et mon Dieu ! adorant Jésus-Christ sur l'autel, comme les mages l'adorèrent dans l'étable de Bethléem, et lui protestant, avec saint Bernard, que plus il a voulu se faire petit pour se donner à vous, plus vous voulez avoir de respect, de zèle et de vénération pour lui. »

« D'un profond anéantissement de vous-même, vous étonnant qu'un Dieu d'une si haute majesté daigne bien descendre du ciel pour vous visiter ; disant, avec bien plus de sujet que la mère de saint Jean-Baptiste lorsqu'elle reçut la visite de la Sainte Vierge : « Et d'où me vient cet excès de bonheur, que mon Seigneur et mon Dieu veuille venir à moi ? » Ou comme le centenier : « Ah ! Seigneur, je ne suis pas digne que vous entriez dans ma maison. » Ou comme le saint homme Job : « Et qu'est-ce que l'homme, Seigneur, pour être élevé à une telle gloire, et qui suis-je, moi pécheur, moi ver de terre, pour approcher d'un Dieu aussi saint que vous, pour être assis à votre table, pour y manger le pain des anges, et pour y être nourri de votre chair divine ? »

« D'une humble confiance ; car si Jésus-Christ se plaît et se tient même honoré que l'on se confie en lui, c'est particulièrement dans ce mystère, où lui-même sans réserve se communique à nous. Or, s'il se donne lui-même, dit admirablement saint Paul, comment ne nous donnera-t-il pas tout le reste? Pourrait-il nous refuser quelque chose en même temps qu'il se livre à nous? Vous devez donc considérer l'Eucharistie comme le trône de la miséricorde de Jésus-Christ, où vous avez droit de vous présenter pour lui exposer vos misères, vos faiblesses, vos aveuglements, vos erreurs; sûrs que vous devez être de lui, que par la vertu de ce sacrement, si vous n'y apportez point d'obstacles, il vous fortifiera, il vous éclairera, il apaisera la violence de vos passions, il vous délivrera de vos mauvaises habitudes; d'emporté que vous étiez, il vous fera paraître modéré; de tiède, il vous rendra fervent; de charnel et de mondain, il vous changera en homme spirituel et chrétien. Vous approchez, dis-je, de Jésus-Christ avec cette espérance fondée sur sa puissance intime et sur son infinie bonté; car n'êtes-vous pas, lui direz-vous, ô mon Dieu! le maître de mon cœur; et quand mon cœur sera-t-il plus absolument dans votre disposition que quand vous y serez entré par votre adorable sacrement. »

« D'un parfait amour; car si vous êtes obligé d'aimer Jésus-Christ de tout votre cœur, et de cet amour de préférence qui vous est commandé par la loi divine, beaucoup plus devez-vous lui en donner des marques dans ce sacrement, qui est singulièrement et par excellence le sacrement de son amour et de sa charité envers les hommes. Il faut donc vous imaginer que dans le moment de la communion, Jésus-Christ vous demande comme à saint Pierre : M'aimez-vous? et ensuite lui répondre avec la même ferveur que cet apôtre : Oui, Seigneur, vous savez que je vous aime; mais la protestation sincère que je vous fais aujourd'hui est que je veux vous aimer d'un amour solide et effectif, qui ne consiste pas simplement dans les paroles, mais dans l'accomplissement de mes devoirs, dans l'observation exacte de vos commandements, dans un attachement inviolable à votre loi, dans la crainte de vous offenser, dans un renoncement éternel aux fausses maximes du monde, et tout ce qui est contraire au christianisme que je professe. »

« D'une attention particulière aux paroles du prêtre, lorsqu'il vous présentera le corps de Jésus-Christ, et qu'il vous dira : Que le corps de Notre Seigneur Jésus-Christ garde votre âme jusque dans la vie éternelle! Paroles qui doivent faire sur vous une vive impression, en vous faisant comprendre la fin pour laquelle vous communiez, qui est de persévérer dans la grâce, c'est-à-dire de ne pas communier simplement pour observer pendant quelques jours une certaine régularité de vie, mais pour être constamment fidèle à Dieu, et vous maintenir dans l'état où vous a mis le sacrement de Jésus-Christ, de sorte qu'il soit maintenant pour vous un gage de la vie éternelle. »

— Bonne maman, s'écria Camille, quand son aïeule cessa de lire, combien sont à plaindre ceux que ne touchent point les vérités de la religion! Depuis que j'ai appris de vous à les connaître, je goûte une félicité parfaite. Aucun sentiment pénible ne se fait jour dans mon âme, qui semble avoir acquis une nouvelle faculté d'aimer. Oui, bonne maman, vous et ma mère m'êtes devenues encore plus chères qu'autrefois ; je ne songe jamais à tout ce que vous faites pour moi depuis que je suis au monde, sans que mon cœur palpite de reconnaissance, sans que des larmes de tendresse ne coulent doucement sur mes joues. Ah! bonne maman, comment pourrais-je cesser d'adorer Dieu, lui qui, par vos mains, m'a comblée de bienfaits! mon devoir est de m'en rendre digne.

Les actions de Camille répondirent à ses discours ; elle continua à se livrer avec ferveur à de pieux exercices, se recueillit un mois entier avant le jour fixé pour sa première communion, et quand elle se présenta à la sainte table, elle difia non-seulement les jeunes compagnes de son bonheur, mais tous les nombreux spectateurs qui remplissaient le temple saint. Tremblante d'espoir et de crainte, au moment où elle reçut le pain céleste, elle adressa à Dieu cette simple prière : « Seigneur, daignez m'appeler à « vous avant que j'aie le malheur de. m'écarter « du sentier de la foi. »

A l'instant où Camille se retirait de l'église, les pauvres que soulageait souvent son active charité, l'entourèrent en la comblant de bénédictions : Mon Dieu, répétaient-ils en chœur, mon Dieu, conservez-nous-la !

Camille, en rentrant dans la maison maternelle, demanda la permission de rester seule quelques instants, et se jeta au pied de la croix, afin de trouver la force nécessaire pour soutenir les émotions sous lesquelles succombait son tendre cœur.

— Ma fille est véritablement un ange, dit la comtesse à madame Mallebois, et je m'en félicite d'autant plus que je vois en elle votre ouvrage. — C'est celui de Dieu, répondit la vénérable aïeule; tôt ou tard le Tout-Puissant traite chacun selon ses œuvres, et les vertus de Camille deviennent aujourd'hui la récompense de tes propres vertus.   Mme DUFRÉNOY.

LOCUTIONS VICIEUSES.

Ce que l'on dit.	Ce que l'on devrait dire.
Malgré que.	Quoique.
Mars en carême.	Marée en carême.
Marronner (murmurer).	Marmonner.
Mitouche.	Nitouche.
Une mulâtresse.	Une mulâtre.
Du nacre.	De la nacre.
Les yeux du fromage.	Les œils du fromage.
Pantomine.	Pantomime.
Rue passagère.	Rue passante.
Un patère.	Une patère.
Cette femme est perclue.	Cette femme est percluse.
Un petit peu.	Un peu.
Tant pire.	Tant pis.
Poîre de Cressane.	Poire de Crassane.
Près l'église.	Près de l'église.
Il va promener.	Il va se promener.
Récureur, récureuse.	Ecureur, écureuse.

Le canard sent le sauvagin.	Le canard sent le sauvage.
La semaine qui vient.	La semaine prochaine.
Semouille.	Semoule.
Supérieurement meublé.	Superbement meublé.
Tendon de veau.	Tendrons de veau.
Tête d'oreiller.	Taie d'oreiller.
Cette terre me rapporte assez pour vivre.	Assez pour me faire vivre.
Je vous demande excuse	Je vous fais mes excuses.
Éviter des chagrins à son ami.	Épargner des chagrins à son ami.
Vers les midi.	Vers midi.
Rancuneur.	Rancunier.
Une poire confie.	Une poire confite.
Une prune de reine glaude.	Une prune reine Claude.
Une poire de missergent.	Une poire de messire Jean.

⪼

CONNAISSANCES UTILES.

Procédé pour enlever les taches de piqûre sur les étoffes.

Les altérations qu'éprouvent les étoffes exposées à l'humidité sont connues sous le nom de piqûres, et résultent d'une oxigénation qui se fait sur différentes parties de l'étoffe. On doit donc chercher à enlever l'oxigène qui altère la couleur des tissus ; et il suffit pour obtenir cet effet de plonger l'étoffe dans un bain d'eau qui tient en dissolution du protochlorure d'étain. On ne peut indiquer la quantité précise de protochlorure d'étain nécessaire, car cela dépend du degré d'altération de la couleur. Un léger tâtonnement rend la chose prompte et facile. Le protochlorure d'étain jouissant de la propriété d'absorber l'oxigène, on voit que l'étoffe doit reprendre aussitôt la vivacité de couleur qui lui manque. Quelques-unes même sont avivées par cette opération, qui ne doit être du reste employée que sur les couleurs qui ne changent pas à l'eau. L'étoffe doit recevoir un nouvel apprêt, si l'on veut qu'elle ait le brillant du neuf.

Au surplus, voici un autre moyen :

On trempe dans de l'eau de puits fraîche du calicot blanc; au sortir de l'eau, on l'exprime fortement, afin d'en faire sortir la plus grande quantité d'eau possible. Dans cet état, on étend l'étoffe altérée sur le calicot, puis on roule avec soin, et en formant le moins de plis qu'on peut, les deux pièces l'une sur l'autre; on les laisse ainsi à la cave enveloppées dans des linges propres, pendant 12 ou 24 heures! On est surpris, en déroulant la soie, de voir toutes les taches fixées sur le calicot. De la soie, des calicots rouges, des cotes-palis, ont été parfaitement rétablis à l'aide de ce moyen; mais il faut repasser les étoffes apprêtées, afin de leur donner un peu de fermeté.

———

Epuration de l'huile à l'usage des ménages.

On peut épurer l'huile dont on fait usage dans un ménage, en la plaçant après sa fabrication, dans des cruches de terre, ou mieux de grès. On bouche l'orifice avec un bouchon de liége, au milieu duquel on a pratiqué un trou destiné à recevoir un tube en bois, en fer blanc, ou mieux encore en plomb. On pratique dans un jardin une fosse assez profonde pour que les cruches soient recouvertes d'un pied ou 18 pouces de terre, mais, avant de les couvrir, on adapte à chacune le tube qui doit faire communiquer l'huile avec l'air atmosphérique. Il s'échappera des gaz qui donneraient un mauvais goût à l'huile, et les matières impures se précipiteront au fond de la cruche, de laquelle on retirera, par décantation, une huile pure et de bon goût, propre aux usages domestiques. Il est essentiel d'avertir que les tubes doivent sortir de six pouces au moins de terre, et être soutenus par des tuteurs, afin d'éviter les cassures et les courbures.

Moyen d'enlever les taches de graisse dans les livres.

On chauffe d'abord le papier taché, et on y applique le papier brouillard tant que celui-ci s'imprègne de graisse. On trempe ensuite un pinceau dans de l'esprit très-épuré de térébenthine, chauffé presque jusqu'à l'ébullition, et on en met un peu sur les deux côtés de la feuille qui doit être chaude. On recommence l'opération, jusqu'à ce que la tache soit tout-à-fait enlevée.

Pour rendre au papier sa blancheur et sa surface unie, on trempe une brosse dans de l'esprit de vin très-rectifié, et on l'applique partout où la graisse existait. L'encre n'est aucunement altérée, et il ne serait pas possible de retrouver le moindre vestige de la tache, fut-elle de cire, de suif ou d'huile.

Il est bon de ne pas attendre trop longtemps pour pratiquer cette opération ; car la piqûre finirait par altérer le corps même de l'étoffe, et, dans ce cas, il n'y aurait plus de remède au mal.

Manière de nettoyer les gants de couleur claire.

Lorsque les gants sont noircis par la crasse, placez-les sur une main de bois qui les remplisse exactement, ou, à défaut de cet instrument, sur votre propre main ; puis, à l'aide d'une petite éponge fine et ferme que vous trempez dans du lait tiède, que vous frottez ensuite sur du savon blanc, et que vous passez sur vos gants, vous les nettoyez avec soin et précipitation. Lorsque à force de passer et repasser l'éponge, tout le gant est mouillé et que la plus grande partie de la crasse en est enlevée, on le frotte, pendant qu'il est encore humide, avec un linge doux sans trop appuyer, on doit éviter de mouiller trop le gant, car il deviendrait mou, transparent, durcirait et se raccourcirait en séchant. L'eau et le savon, employés au même usage, n'offrent pas autant de chances de succès. Par notre procédé, des gants blancs et chamois ont été nettoyés jusqu'à quatre fois.

Recette contre l'ennui.

Suivant *Brillat Savarin*, l'ambre pris intérieurement est souverainement tonique et exhilarant. Il en faisait lui-même un fréquent usage, ainsi que le maréchal de *Richelieu*, qui mâchait habituellement des pastilles ambrées. L'ambre, dit-il, à la vertu de chasser la mélancolie et d'exciter la gaîté sans agiter comme le café.

Moyen de faire pondre les poules en hiver comme en été.

Il existe un fermier à Numvieth, près de Luttich, dont les poules pondent, en hiver comme en été, des œufs pesant quatre onces et demie, et dont la plupart ont deux jaunes. Il nourrit ses poules de la manière suivante : après avoir fait sécher dans un four des écorces de graine de lin, il les porte sous le moulin pour les réduire en menu et les fait bouillir ensuite dans de l'eau; il mêle cette espèce de son avec celui de froment et de la farine de glands ; du tout il forme une pâte bien pétrie qu'il présente aux poules en morceaux de la grosseur d'une féve. Les proportions de chaque substance sont d'un tiers de la masse totale.

Nous vous invitons, Mesdames, qui habitez la campagne, à vous occuper de constater, par des essais, jusqu'à quel degré ce procédé mérite confiance.

———

De la conservation des choux.

A bord des vaisseaux, on emploie une méthode ingénieuse pour conserver les choux ; elle permet aux passagers de les manger verts pendant toute la traversée, et elle a de plus l'avantage de n'occasionner aucune espèce de frais.

Cette méthode consiste à arracher ce végétal lorsqu'il n'est encore parvenu qu'à trois où quatre pouces hors de terre. On coupe alors son pied à deux ou trois travers de doigts de la pomme ; on creuse la moelle de cette tige à un pouce de profondeur environ, et on suspend les choux à distance égale les uns les autres par la portion restante du pied. Ainsi suspendus, la partie creusée des végétaux se trouvant en dessus, on la remplit d'eau douce chaque matin et la fraîcheur des choux s'entretient ainsi pendant plusieurs mois.

Maladie des pommes de terre.

Nous croyons utile de rappeler le procédé curatif suivant, contre la maladie des pommes de terre, procédé importé de *Russie* et dont voici le résumé.

Il suffit de faire sécher les pommes de terre à une température suffisamment élevée, et continuer assez longtemps pour mettre complétement à l'abri de la maladie les tubercules qui en naîtront.

Cette découverte est l'effet du hasard. Un cultivateur avait placé, dans le printemps de 1850, un lot de pommes de terre dans une chambre très-chaude ; après trois semaines, elles étaient devenues parfaitement séches ; il les sema et fut

7 AVRIL.

tout étonné d'obtenir une récolte non seulement plus abondante, mais entièrement saine ; il refit la même expérience en 1851 et obtint le même résultat. Il fit part de ce fait à un certain M. *Bollmann* qui expérimenta à son tour dans des conditions défavorables s'il en fut jamais.

Sa provision de pommes de terre était épuisée ; il avait été forcé d'en acheter pour ses ensemencements ; beaucoup étaient malades et quelques-unes mêmes entièrement pourries. Il les laissa pendant un mois dans une chambre chaude, coupa les plus grosses en quatre parties, les petites par moitié, et les laissa pendant une semaine encore. Elles étaient tellement durcies qu'on pouvait craindre que les germes ne fussent morts. Cependant à peine placées en terre, elles germèrent parfaitement, poussèrent des hampes très-vigoureuses et donnèrent, trois semaines avant toutes les autres, des primeurs d'excellente qualité. Le produit fut de neuf pour un, et pendant que les récoltes des champs voisins étaient envahies par la maladie, aucune des pommes de terre de M. Bollmann n'en était atteinte.

HISTOIRE DE LA TOILETTE.

BIJOUX.

... L'usage des bijoux remonte à la plus haute antiquité; on peut dire qu'il est né avec la société. Il a été commun aux deux sexes, mais le plus souvent l'homme a suivi à cet égard les inspirations de sa compagne. La première femme qui appela à son secours cet attirail de la coquetterie, fut celle qui craignit que ses rivales ne lui enlevassent son influence; et celle-là fut bien mal inspirée, s'il n'y avait pas urgence à cacher sa laideur!

Que de phases n'a pas subi l'art du bijoutier dans cette longue série de siècles! Que de bizarres conceptions et surtout quel débordement de mauvais goût chez tous les peuples et à toutes les époques, pour un petit nombre de productions que le bon sens peut tolérer! La nature des bijoux, leur matière et leur emploi ont varié à l'infini, suivant les temps et les peuples. Hors de la civilisation, la femme cherche à effacer sa forme naturelle sous un amas de coquillages, de graines, d'ossements et de cercles en métal qui gênent ses mouvements et lui donnent un aspect monstrueux. Elle met des anneaux aux doigts, aux bras, aux orteils, aux jambes, au cou, aux oreilles, aux lèvres et jusqu'au nez. Dans les sociétés civilisées nous trouvons d'abord l'homme attacher à certains bijoux des idées religieuses. Salomon voyait dans le chaton de son anneau tout ce qu'il désirait y voir ; Gygès se rendait invisible au moyen du sien ; les Romains avaient des amulettes, les Arabes des talismans, le moyen-âge des anneaux cabalistiques, et nous, nous avons des bagues aimantées contre la migraine, et des colliers pour favoriser la dentition.

Les bijoux furent aussi la marque distinctive du pouvoir. Les rois en portent encore à leurs couronnes. Chez les Hébreux, les Égyptiens et les Grecs, les grands dignitaires avaient le droit de porter une bague d'or. A Rome, les ambassadeurs et les chevaliers se distinguaient par des anneaux et des colliers ; cet usage se retrouve dans les statuts de la chevalerie du moyen-âge, et, par continuation, dans les ordres chevale-resques des temps plus modernes. En Russie, l'empereur confère souvent, à des personnes qui ont rendu des services éminents, les insignes en diamants d'un ordre de chevalerie. Dans les autres états de l'Europe, le souverain donne plus communément, comme témoignage de sa haute satisfaction, son portrait enrichi de diamants, ou une tabatière d'or surmontée de son chiffre, ou des bagues en diamans.

L'église a ses bijoux particuliers. L'*anneau du pécheur*, à l'image de saint Pierre, sert au pape à sceller les brefs apostoliques. Les cardinaux et les évêques ont aussi un anneau distinctif. Les prélats portent une croix d'or suspendue à une chaîne de même métal.

Les bijoux ont souvent figuré dans les actes les plus importants de la vie sociale. Chez les Hébreux et les Romains, le mari donnait un anneau de fer ou d'or à sa fiancée; nous leur avons emprunté cette coutume.

Les législateurs se sont vus maintes fois dans la nécessité de mettre un frein à la mode de ces objets par des édits somptuaires; mais il est vrai d'ajouter qu'il n'est pas de lois qui aient été plus mal accueillies, moins observées, ni plus tôt révoquées. D'après une loi de Zaleucus, le législateur des Locriens, les courtisanes seules portaient des bijoux et des broderies d'or; un homme devait s'en abstenir. A Sparte, Lycurgue proscrivit l'or et l'argent; à Rome, la loi *Orchia* défendait aux femmes de porter des ornements d'or au-delà du poids d'une demi-once. Jules-

César, Auguste, Tibère, Néron et Alexandre-Sé-
vère firent également des lois somptuaires, diri-
gées en partie contre l'abus des bijoux. L'an 460
de notre ère, l'empereur Léon défendit à ses sujets, *sous peine de mort*, d'enrichir de perles,
d'émeraudes ou d'hyacinthes, leurs baudriers, le
frein des brides ou les selles des chevaux. Char-
lemagne, à son retour d'Italie, rendit une loi
somptuaire. Philippe-le-Bel interdit au bourgeois
le droit des fourrures, des bijoux en or ou des
pierres précieuses. Louis XII et ses successeurs,
jusqu'à Louis XV, s'occupèrent du même objet.

Les bijoux ont souvent acquis un intérêt his-
torique. Une dame romaine, qui avait de grands
biens, montrait un jour à la mère des Gracques
un riche écrin. Pressée à son tour de faire voir
ses bijoux, Cornélie amena ses enfants : « Voilà,
« dit-elle, toute ma parure. » Cléopâtre eut la
folie de se vanter, à la suite d'un repas spendide,
qu'elle avait offert à Antoine d'avoir fait dissoudre une perle dont la valeur se montait à 10
millions de sesterces (2 millions de francs) dans
du vinaigre, et d'avoir avalé ce riche breuvage.
Le vinaigre n'a pas la propriété de dissoudre les
perles ; aussi, en supposant que le fonds de cette
anecdote soit vrai, il ne l'est pas moins que les
circonstances sont apocryphes. L'an de Rome 368,
Camille voulait offrir à Apollon une part du bu-

tin qu'il avait pris à Veïes; mais ses soldats avaient déjà dissipé leur part et refusaient de contribuer à cette offrande; ils menaçaient même de se révolter, et cependant il fallait satisfaire le dieu. Les dames romaines vendirent leurs bijoux et payèrent la dette du vieux général. Charles-Quint, lors de son passage à Paris, dût peut-être sa liberté à un brillant offert à propos à la duchesse d'Etampes. Tout le monde connaît le scandaleux procès du collier, où une reine de France, qui devait être exempte du soupçon comme elle l'avait été du crime, fut si méchamment compromise.

Dans l'antiquité, le goût des bijoux fut maintes fois porté à l'excès. A Rome, il fut un temps où les matrones avaient des colliers dont une seule perle coûtait un million de notre monnaie; elles se servaient de miroirs de métal poli, garnis de pierreries. Leur coiffure était surchargée de joyaux de toute espèce; elles en portaient au milieu du front, ainsi que le fit, plusieurs siècles après, une maîtrese de François Ier, connue sous le nom de *la belle Ferronnière;* elles en avaient également sur leur ceinture pectorale, ou *strophion.* Elles portaient enfin des agrafes, des aiguilles d'or, des bagues, des colliers, des bracelets, des éventails enrichis de perles et de pierreries. Plusieurs de ces objets ont été re-

trouvés à Herculanum et à Pompéi, et les bijou-
tiers de notre époque les ont souvent pris pour
modèle. En effet, au moment où nous écrivons
(1834), la forme des bijoux est généralement romaine. Tantôt c'est un serpent d'or, aux yeux
de rubis, roulé autour du bras; tantôt le bracelet
se compose d'une collection de grands médail-
lons enchaînés les uns aux autres par des cercles
de métal; quelquefois, enfin, c'est une paire de
girandoles composées de trois poires à longue
dimension, suspendues à une plaque qui touche
elle-même à un anneau.

Dans le moyen-âge les dames portaient, in-
dépendamment de tous les articles de la toilette
commune aux diverses époques de la civilisation,
des plastrons garnis de pierreries, et des *châte-
laines* ou longues chaînes suspendues à la ceinture par un crochet, et soutenant un trousseau
de petites clés en métal précieux. Les courtisans
avaient, avec le costume du temps de Henri III,
de riches colliers de rubis, d'émeraudes et de
saphirs, enchassés avec art dans un or pur. La
plume de leur chaperon reposait sur un diamant,
et la poignée de leur dague étincelait de pierreries.

Aujourd'hui, les hommes paraissent généra-
ment avoir senti que ce brillant attirail n'était
pas convenable à un sexe essentiellement grave

et sérieux. Quant aux dames, elles sont encore, sous ce rapport, dans la période romaine, et ce n'est pas leur faute si elles nous plaisent toujours, car elles font tout pour s'enlaidir, soit qu'elles rompent les lignes suaves de leur front par une ridicule *Ferronnière*, soit qu'elles sacrifient la délicatesse de leurs oreilles au poids fatigant de deux énormes girandoles.

C. FAMIN.

CACHEMIRES.

De tous les ornements qui composent la toilette d'une femme riche, le plus beau, le plus indispensable est le châle cachemire. On ne saurait préciser l'époque de son origine dans l'Inde, d'où nous vient ce précieux tissu ; quoi qu'il en soit, la naturalisation de ce châle en France ne date que de l'expédition d'Égypte ; ce fut alors qu'il fit son apparition au milieu du monde élégant. Quelques ambassadeurs, quelques consuls en avaient bien déjà apporté ou envoyé à Paris ; on ne les avait remarqués que par l'étrangeté de la chose, et ces superbes tissus de laine, d'une souplesse inconcevable, soyeux, émaillés de fleurs inconnues, n'avaient semblé cependant bons, tout au plus, qu'à faire des tapis de table, ou à servir de descente à un sofa, à une chaise longue. Mais voilà tout-à-coup qu'une femme jeune et belle, dont le mari, ministre de la République, ouvrait ses salons aux célébrités de l'époque, enroule autour de son cou le tissu oriental; et le châle prend faveur; la mode le protége, l'adopte, et dès ce jour, il date ses lettres de noblesse; une longue ère de triomphe s'ouvre pour lui, L'admirable finesse de son tissu, la bizarrerie, l'imprévu de sa folle ornementation, dont souvent on ne peut expliquer les baroques dessins qu'en se rappelant que le fantastique est le propre du génie oriental, ces palmes plus ou moins gigantesques, plus ou moins historiées, composées de milliers de fleurs dont on eût vainement cherché la famille dans Tournefort ou dans Linné, étonnèrent, surprirent l'imagination. En voyant ces bordures s'échapper, folles, capricieuses, comme les fantaisies des califes, des bayadères et des odalisques, on crut continuer la lecture des *Mille et une Nuits*, et le châle indien occupa uniquement la pensée des femmes à la mode. Les fabricants, si intéressés à saisir les caprices du monde élégant, et si habiles à les exploiter, comprirent tout l'avantage qu'ils pouvaient tirer de la fabrication du ca-

chemire, et tous, à l'envi, rivalisèrent d'efforts
et d'ardeur. Mais, malheureusement, les matières premières leur manquaient ; ils n'avaient à
leur disposition que la laine de quelques troupeaux de mérinos, bien loin de valoir le fin duvet de la chèvre du pays des Kirghiz, que nous
connaissons sous le nom de chèvre du Thibet ; de
nombreuses discussions s'élevèrent ensuite entre
les savants et les fabricants sur la nature du cachemire : les uns tenaient pour le chameau, les
autres pour la chèvre, les troisièmes pour le
mouton. Poil, laine et duvet provoquèrent entre
les érudits des querelles fort animées. C'était en
vain que l'on essayait d'obtenir des renseigne-
ments des voyageurs ; ceux-ci n'apportaient que
des lumières confuses sur la construction des
métiers et sur les procédés employés par des
ouvriers indiens. Cependant les difficultés ne
les rebutèrent pas , et ils se mirent courageu-
sement à l'ouvrage. Leur succès s'est manifesté
si heureusement depuis dans les expositions
solennelles des produits de notre industrie ma-
nufacturière, notamment dans celle de 1844,
que nous n'avons plus rien à envier aux Indiens.
Aujourd'hui, le châle français rivalise, s'il ne
surpasse même le cachemire de l'Orient. Ceci
n'est plus un problème que pour des esprits

qui, par système, ne veulent rien adopter de ce qui appartient au sol de la patrie.

Parmi les fabricants qui se sont voués tout entiers à l'imitation des châles de l'Inde, on doit nommer en première ligne MM. Bellangé, Ternaux, Lagorce, Hébert et Deneirouse. On attribue à ce dernier la solution d'une immense difficulté, et de laquelle date un nouveau travail.

Le cachemire d'Orient, tissé au métier, comme celui de France, est espouliné, c'est-à-dire ouvré ou travaillé par bandes étroites que l'on rapporte ensuite l'une à l'autre au moyen de sutures qui, bien qu'habilement faites, n'échappent pas cependant à un œil bien exercé, inconvénient grave, qui donne au châle un aspect nuancé et inégal de tissu et de coton. Le châle français, broché dans un tout autre système, est fait au *lancé*. La pièce se travaille, non plus par petites bandes, comme font les patients ouvriers de la vallée de Cachemire, mais dans toute son étendue. Pour obtenir un point broché, il faut lancer la navette et lui faire parcourir le trajet de toute la largeur de l'étoffe ; un grand nombre de points se forment alors du même trait, à la fois et sur une seule ligne. Lorsque la broderie est formée, l'envers de l'étoffe présente une multitude de fils flottants et inutiles. On les découpe avec soin, et, malgré la perte considérable de matières, ce travail rapide nous donne sur l'Indien une économie de 80 p. 100. C'est à l'ingénieuse machine de Jacquard que l'on est redevable d'un si beau résultat. Il est des châles qui exigent 600 cartons ou dessins et 40,000 coups de navette.

Il est bien reconnu aujourd'hui, du moins pour le châle français, que l'unique matière qu'on y emploie est le duvet blanc et soyeux que les chèvres dites du Thibet donnent en abondance et à bon marché dans le pays des Kirghiz. Ce duvet se trouve sous les poils grossiers de ces animaux, et on l'obtient en les peignant chaque jour; le poil resté au peigne est celui que l'on emploie. Ce duvet nous arrive par balles des ports de la Russie méridionale; il s'en fait un grand commerce à Casan et à Moscou, où nos fabricants les vont acheter.

Il y a quelques années, M. Ternaux, auquel nous devons une grande partie de nos succès dans la fabrication des cachemires, chargea M. Amédée Jaubert d'aller dans les pays placés entre la mer Noire et la mer Caspienne, afin d'y acheter pour son compte un nombreux troupeau de la race des chèvres qui paissent dans les steppes des Kirghiz: les prétendues chèvres du Thibet, dont l'entretien coûtait énormément, s'acclimatèrent fort bien, mais elles donnèrent à peine dans ce pays 1 fr. 50 cent. de duvet par an. M. Ternaux, déçu dans son attente, en fut pour ses capitaux perdus ; le gouvernement, qui s'était intéressé à cette entreprise, perdit 3 à 400,000 francs.

Maintenant on doit diviser en deux classes les fabricants de cachemires : les uns, marchant toujours au perfectionnement, font le beau, le magnifique pour les classes riches ; les autres, allant à la découverte de tous les procédés économiques, essayent de mettre le cachemire à la portée des classe moyennes. Les ateliers de Lyon, Nîmes, Rouen et Saint-Quentin marchent dans cette dernière voie. Dans le châle riche, Paris fait des merveilles. A la dernière Exposition, un châle sorti de chez un de nos plus habiles manufacturiers était l'objet de l'admiration universelle ; il est long et si soyeux, si fin, qu'il satisfait pleinement à la condition imposée dans l'Inde aux plus beaux châles de Cachemire, c'est-à-dire qu'il peut facilement passer dans l'anneau d'une reine. L'ornementation de ce châle est pittoresque et neuve ; il a dépouillé la palme antique qui semble résister encore aux efforts de nos dessinateurs, ou qui, peut-être, a pour eux tant de séductions, qu'elle vient incessamment avec des additions d'un goût assez mesquin s'attacher à leurs cartons. Ce châle donc est orné d'une terrasse rocailleuse qui rappelle un peu le genre chinois ; sur cette terrasse, se mêlent, se marient des fleurs indigènes, exotiques, fraîches, charmantes. Au-dessus s'élèvent des palmiers, au sommet desquels se balancent des oiseaux de paradis. La bordure qui encadre cette écharpe vraiment royale ondoie comme un large ruban, où les arabesques de la renaissance se confondent avec de capricieux ornements mauresques. L'ensemble de tout cela est gracieux, brillant, complet ; mais ce qui ajoute encore au merveilleux de ce châle, c'est qu'il est sans envers.

La vallée de Cachemire est un véritable nid de verdure et de fleurs. Creusée par les eaux au sein des hautes cimes de l'Himalaya, entourée de montagnes dont les moindres s'élèvent à quinze ou vingt mille pieds, ne communiquant avec le reste du monde que par trois passages d'un accès difficile, réunissant les productions de l'Europe à celles de l'Asie, arrosée de cascades et de fontaines parsemées de lacs sur lesquels flottent des îles de fleurs et de fruits, la belle vallée de Cachemire fut dès longtemps appelée le paradis de l'Inde.

L'unique ville de cette contrée si vantée se nommait à son origine Sirinagor, mot sanskrit qui signifie demeure du bonheur. Le bassin tou

entier était parsemé de petits villages et de rian-
tes habitations encadrés dans les vergers, les
bouquets d'arbres et les festons de pampres et
de roses. Partout des toits en terrasses recou-
verts de fleurs, dont les tiges pendantes et em-
baumées formaient de gracieuses guirlandes. Le
petit nombre de voyageurs assez heureux pour
pénétrer dans ce nouvel Éden trouvaient le langage trop pauvre pour en exprimer les beautés ;
les poètes se firent les interprètes de leur admiration. Voici comment l'un d'eux, Thomas
Moore, s'exprime dans un passage d'une des-
cription de ce lieu de délices :

« Et jamais de nuit, de jour, jamais le ravis-
» sant Cachemire ne resplendit si joyeux qu'au
» temps de la fête des roses ! Ce n'est plus qu'a-
» mour et lumière, visions de jour, fêtes de
» nuit ; le plus radieux sourire illumine chaque
» front, et les cœurs aspirent chaque souffle
» enivrant comme la rose aux cent feuilles ; la
» rose de la saison s'épanouit à la rosée, qui
» goutte à goutte, distille en chaque pétale son
» humide beaume. Mais c'est à l'heure où le soir
» descend frais et serein sur le lac, où le soleil
» cache son disque enflammé derrière les pal-
» miers de Baramoule, c'est alors qu'il faut
» voir la vallée ! Un millier de torches circu-
» lent à travers les ombrages, un millier de

» lampes étincellent sur chaque dôme, chaque
» minaret; les sentiers au loin et au proche res-
» plendissent d'une clarté si vive que l'on dis-
» tinguerait la plus petite feuille de rose foulée
» sous les pas; et cependant vierges, matrones,
» toutes ont laissé leurs voiles au logis en cette
» lumineuse soirée, et de toutes parts scintil-
» lent des yeux qui n'oseraient briller en plein
» jour, mais qui ne craignent pas d'éblouir les
» regards à cette heure de la nuit.

» Le lac se couvre de fleurs comme s'il y pleu-
» vait des guirlandes de fées; tout est parfum,
» tout est musique ou cri de joie, et dans ce val-
» lon de délices l'emploi de chaque âme est de
» jouir. »

Quoique la population de la ville de Cachemire ait beaucoup diminué, elle doit encore
être assez nombreuse, car on assure que la seule
fabrication des châles emploie environ cent vingt
mille personnes; cette industrie est, il est vrai,
presque l'unique occupation de la vallée entière,
mais les individus indispensables à l'entretien des
divers métiers et des différents commerces né-
cessaires pour alimenter la ville doivent au
moins doubler ce nombre. On estime que la
province entière contient huit cent mille âmes.
On fabrique à Cachemire deux sortes de châles;
les uns, les moins beaux, sont tissés avec le du-

vet de la chèvre de Cachemire même ; les autres,
plus fins et plus recherchés, sont faits comme
les nôtres, du duvet de la chèvre du Thibet.
Cette belle contrée, où le luxe de l'industrie est
venu se joindre à celui du sol et du climat, a
singulièrement changé de face depuis moins
d'un demi-siècle, et ce peuple, qui envoie dans
tout l'univers son essence de rose et ses tissus,
et semblait n'avoir rien à demander en échange,
est aujourd'hui dans une extrême misère. Les
voyageurs n'ont qu'une voix pour le raconter.
Forteresses, temples, villes et villages, tout est
en ruines ; la cité n'est plus qu'une masse con-
fuse de bâtiments mal -construits, labyrinthe
inextricable de ruelles étroites, sales, mal pavées,
au centre desquelles croupit entre deux rives de
fange un étroit et bourbeux égout. Les maisons,
généralement de deux et trois étages, sont bâ-
ties de briques non cuites, qui, sans être recouvertes de ciment ou de plâtre, comblent à peine
les intervalles que laisse la charpente. Ces habitations, fort mal construites, sont en outre presque toutes ruinées, n'ayant que des portes bri-
sées ou même point de portes, des jalousies fra-
cassées, des fenêtres bouchées çà et là par un
bout de planche, par du papier, par des haillons.

Nous tenons ces détails récents du voyageur
Jacquemont : « Le caractère des habitants, di-

sait-il, est en rapport avec leurs habitations et
en explique le misérable état ; ils sont égoïstes,
superstitieux, souples, intrigants ; avec une
grande intelligence comme manufacturiers et
commerçants, leurs relations sont toujours con-
duites par un esprit de ruse et de fraude qui ne
peut-être égalé que par l'effronterie avec laquelle
ils font face à la découverte de leur friponne-
rie. »

Les Cachemiriens sont généralement laids et
petits ; cela peut s'expliquer facilement par le
genre de travail de cette population, qui les con-
damne, souvent dans une extrême jeunesse, à
l'air malsain des ateliers et à une assiduité que
la nature repousse.

Telle est maintenant la province entière de
Cachemire, et pourtant c'est toujours le même
climat si doux, les mêmes vents frais et parfu-
més des montagnes, les mêmes richesses de vé-
gétation.

LOUISE LENEVEUX.

VARIÉTES.

LA FAUCHEUSE.

Bonjour, Marie, quoi! si matin! déjà ardente et active à l'ouvrage! O toi, la plus fidèle des servantes, l'amour ne te rend pas paresseuse. Oui, si d'ici à trois jours tu me fauches la prairie, je ne pourrai te refuser plus longtemps mon fils, mon fils unique. »

Le riche fermier, possesseur de riches domaines, a dit ces paroles, et Marie, comme elle sent battre son cœur plein d'amour! Une vie nouvelle et puissante pénètre tous ses membres; comme elle agite la faux, comme elle abat les andains sur la prairie!

Le soleil du midi est ardent; les faucheurs fatigués vont chercher le ruisseau pour se rafraîchir, et l'ombre pour se reposer; les abeilles travaillent encore en bourdonnant dans la campagne brûlante, et Marie, elle ne se repose pas, elle travaille à l'envi avec elles.

Le soleil s'abaisse ; bientôt retentissent les cloches du soir ; les voisins ont beau crier : « Marie, c'est assez pour aujourd'hui ; » les faucheurs s'en vont, le berger s'en va avec ses troupeaux ; Marie aiguise sa faux pour reprendre son ouvrage.

Déjà la rosée tombe, déjà brillent la lune et les étoiles ; l'herbe fauchée embaume les airs ; le rossignol chante dans le lointain. Marie ne songe point à se reposer , ne songe point à prêter l'oreille ; elle fait toujours frémir sa faux , qu'elle agite avec vigueur.

Elle continue ainsi du soir au matin et du matin au soir, se nourrissant d'amour, rafraîchie par une douce espérance. Pour la troisième fois, le soleil se lève, tout est terminé, et vous voyez Marie, debout dans le pré, verser des larmes de joie.

« Bonjour, Marie, que vois-je ? O mains diligentes ! la prairie est fauchée ! je t'en paierai bien une riche récompense ; mais pour le mariage, tu as pris au sérieux ma plaisanterie ; on le voit bien, les cœurs des amants sont fous et crédules. »

Il dit, et passe son chemin ; mais le cœur de a pauvre Marie se glace, ses genoux chan-

cellent et fléchissent. Elle a perdu la parole ;
sentiment, connaissance se sont évanouis ; on la
trouve, la faucheuse, là, étendue sur l'herbe
fauchée.

Elle vit encore ainsi des années d'une vie
muette et languissante ; et du miel, une goutte
de miel est sa seule nourriture. Oh ! tenez-lui
un tombeau tout prêt dans la prairie la plus cou-
verte de fleurs ! car il n'y eut jamais de fille ai-
mante comme celle-là.

UHLAND (traduit par M. X.)

POÉSIES

L'ESPÉRANCE.

O divine Espérance ! ô doux présent des cieux !
Trésor que la mort seule enlève aux malheureux !
Tu consoles le pauvre au sein de l'indigence ;
Le riche même aussi subit ton influence.

Au malheureux pilote égaré sur les mers
Tu donnes à la fois et la force et la vie ;
Tu diriges sa main par le froid engourdie
Sur la vague écumante et les flots entr'ouverts.

A celui qui languit en son lit de souffrance
Tu fais penser encore aux jours de l'avenir ;
Et lorsque, succombant, il est près de mourir,
En expirant, encore, il murmure : Espérance !

Au cœur de l'exilé tu parles de retour ;
Les pleurs se sont taris sur sa joue amaigrie,
Il pense à son pays, et de joie et d'amour
Il tressaille, et soupire en murmurant : Patrie !

Au mot de liberté le pâle prisonnier
Soudain a relevé son humide paupière ;

Il espère : il se voit dans les bras de sa mère ,
Au milieu de ses sœurs et près de son foyer.

Tu calmes les tourments et la froide misère
Du poéte inspiré qui vit persécuté ;
Ta consolante voix lui dit tout bas : Espère
Des lauriers à ton front et l'immortalité !

MARIE X.. ..

A MA FILLE.

Dormez, enfant ; dormez, ma fille ,
Votre mère veille sur vous.
Voyez, au ciel la lune brille ;
Dormez, enfant, sur mes genoux.

Ne craignez rien ; car, à votre âge,
La vie est un bien doux séjour ;
Tous les soleils sont sans nuage ,
Tout est printemps, tout est beau jour.

Pour vous, les buissons d'aubépine
Étalent au loin leurs blancheurs ;
Sous le vent leur branche s'incline
Pour que vos mains cueillent des fleurs.

La terre a repris sa parure
Pour sourire aux petits enfants ;
Car c'est pour eux que la nature
Revêt ses plus beaux ornements.

Si le bouvreuil chante au bocage ,
Si l'alouette chante au ciel,

Et si l'abeille, après l'orage,
Va dans les fleurs chercher son miel ;

Si l'eau pure de la fontaine
Murmure au loin sous le gazon,
Si les blés poussent dans la plaine,
Si l'agneau porte sa toison...

C'est pour vous que la Providence
Fit éclore tant de faveurs ;
Car Dieu, qui gâte votre enfance,
Lui garde ses fruits et ses fleurs.

C'est lui qui donne à votre mère
Le lait qui revient chaque jour :
C'est lui qui fait que votre père
Ne peut vous nommer sans amour.

Car, doux enfant... de notre vie
A vous se rattache le fil.
Où vous êtes, c'est la patrie ;
Où vous n'êtes pas, c'est l'exil.

Si vous pleurez, on voit nos larmes
Couler au cri de vos douleurs.
Vous riez!... toutes nos alarmes
Fuient sur l'aile de vos pleurs.

Aux jeux passés de notre enfance,
Pour vous plaire, nous revenons.
Fussions-nous tristes, l'espérance
Fuient sur l'aile de vos pleurs.

Votre berceau, frêle petite,
Renferme tout notre avenir,
Et son blanc rideau, s'il s'agite,
De crainte nous fait tressaillir.

Vous êtes l'ange que, sur terre,
Le bon Dieu mit auprès de nous,
Et jamais l'œil de votre mère
N'a vu rien d'aussi beau que vous.

Toutes les mères, douce fille,
Toutes les mères sont ainsi,
A leurs yeux toujours l'amour brille,
Hélas ! et les aveugle aussi...

Ainsi tout ici-bas vous aime,
Tout vous sourit avec amour !
L'enfant .. c'est un autre nous-même ;
Vous le saurez, ma fille, un jour.

Pour tout cela, Dieu vous commande
Bien peu de chose... d'obéir
A notre voix, qui vous demande,
Tous les soirs, de vous endormir.

Oh ! dormez donc, dormez, ma fille ;
Votre mère veille sur vous ,
Voyez, au ciel la lune brille ;
Dormez, enfant, sur mes genoux.

GALOPPE-D'ONQUAIRE.

CONSEILS AUX GENS HONNÊTES.

—

Une femme qui sort du spectacle, quand il y a une grande foule, doit, lorsqu'elle est parée pour aller au bal, prendre garde aux diamants qu'elle a aux oreilles.

On cite, à l'appui de cet aphorisme, l'exemple d'une dame noble dont les boucles d'oreilles furent arrachées par un filou avec un incroyable sang-froid. Quand elle cria, les diamants étaient déjà loin, et le voleur imperturbable s'offrit à panser l'oreille, en déclamant contre la police qui se faisait mal.

Nous avons pensé que c'était un vol avec effraction.

Le filou qui pansait la dame et s'intéressait à elle, était soi-disant le comte de... Il s'offrit à faire retrouver la boucle d'oreille ; et, pour faciliter ses recherches, emprunta l'autre.

—

Ne dites jamais que tel jour vous avez un remboursement à faire ou à recevoir.

Si vous êtes forcé d'apporter beaucoup d'argent chez vous, faites-le le plus secrètement possible. Préférez les billets de banque à l'or, et l'or à l'argent.

—

Quand on a de beaux diamants, il faut les cacher dans un meuble à secret; que le meuble surtout soit assez lourd pour qu'on ne puisse pas l'emporter.

—

La coutume d'avoir des portefeuilles à serrure et à secret est très-bonne.
Mais le voleur emporte le portefeuille.

—

N'allez jamais en voiture chez les marchands, à moins qu'il ne pleuve; alors faites-vous descendre à quelques pas.

—

Ne vous mettez dans une tontine qu'avec un cœur de bronze, un estomac de fer, des poumons de tôle, un cerveau de marbre, des jambes de cerf, et encore!.... faites doubler vos chapeaux en moiré métallique, de peur qu'une tuile ne vous casse la tête.

DE BALZAC.

Proverbes pour Avril.

Avril pleut aux hommes , mai pleut aux bêtes.

*
* *

Bourgeon qui pousse en avril
Met peu de vin en baril.

*
* *

Avril froid pain et vin donne.

*
* *

En avril nuée, en mai rosée.

*
* *

Il n'est si gentil mois d'avril
Qui n'ait son chapeau de grésil.

*
* *

Tant que dure la rousse lune
Les fruits sont sujets à fortune.

*
* *

A la Saint-Vincent (5 avril) le vin monte au
sarment; et s'il gèle, il en descend.

* *
*

Prends garde au jour de Saint-Vincent
Car si, ce jour, tu vois et sens
Que le soleil soit clair et beau,
Nous aurons du vin plus que d'eau.

*
* *

Pàques longtemps désirées sont en un jour
bientôt passées.

*
* *

Pàques pluvieuses, année fromenteuse.

*
* *

Toujours sont Pàques en mars ou avril.

*
* *

Comme feras à tes parents
Dieu te rendra l'équivalent.

*
* *

Paresseux en jeunesse,
Souffreteux en vieillesse.

*
* *

Qui a charité pour son prochain
A la crainte de Dieu a soin.

Patience passe science,
Et met en paix la conscience.

*
* *

La patience est un remède à tous les maux.

*
* *

Mieux vaut pauvre et homme de bien,
Que riche et ne valoir rien.

*
* *

Soit tôt ou tard, ou près, ou loin,
Le riche a du pauvre besoin.

*
* *

Il vaut mieux vivre en sûreté pauvrement,
Qu'en grand hasard et péril richement.

*
* *

Qui est sans péché a l'âme légère,
Qui a l'âme légère monte aux cieux.

FIN DU MOIS D'AVRIL.

TABLE DES MATIÈRES.

FIN DE LA TABLE

Imprimerie de BLONDEAU, rue du Petit-Carreau, 26.

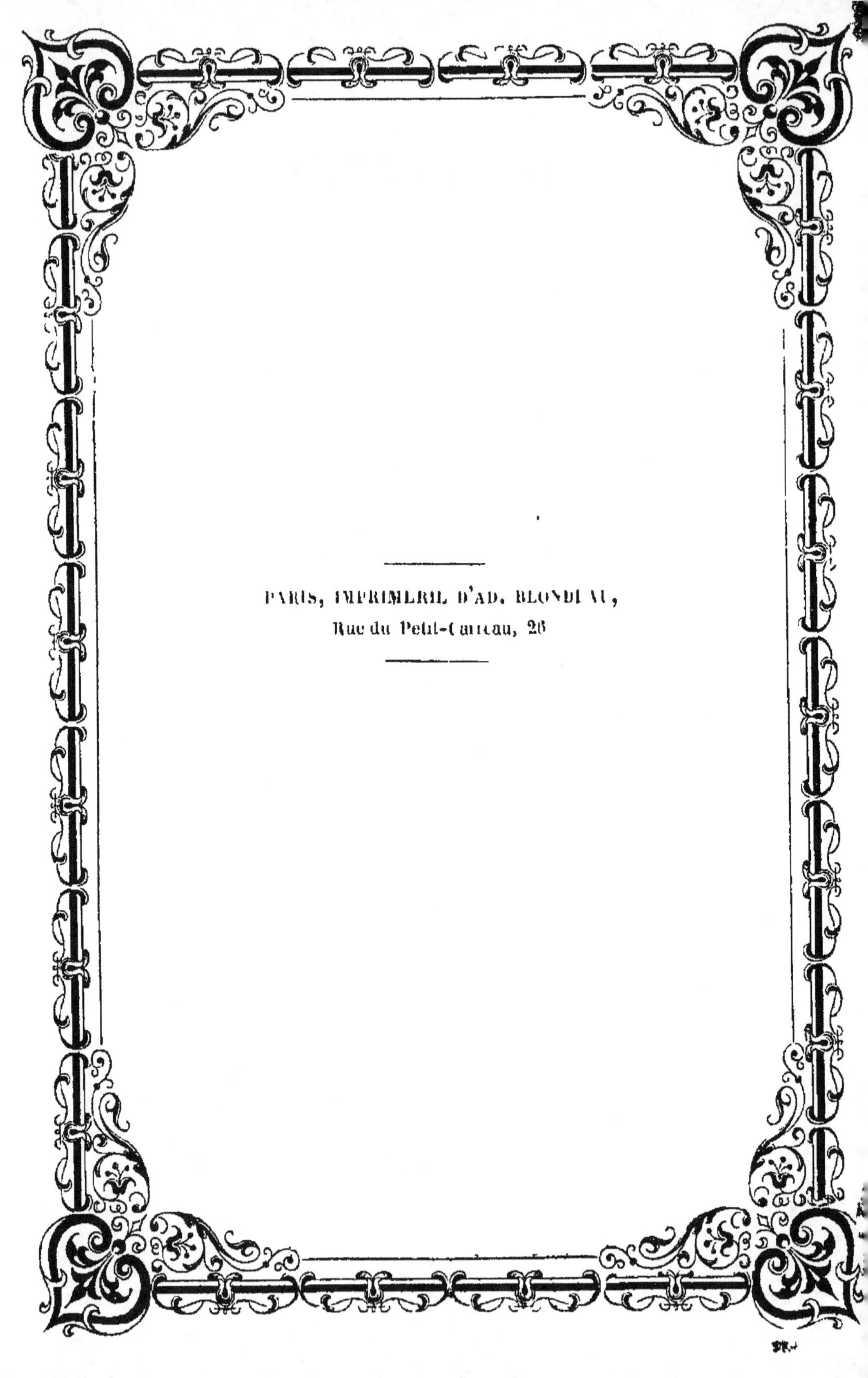

PARIS, IMPRIMERIE D'AD. BLONDEAU,

Rue du Petit-Carreau, 26